2024

ケアマネジャー試験

らくらく

暗記マスター

中央

はじめに

　ケアマネジャー（介護支援専門員）は、介護保険制度下の利用者の介護生活の相談にのり、助言するとともに、ニーズに応じた各種介護サービスなどを手配し、利用者の自立した日常生活を支えます。その仕事のために必要な知識、技術、理念について、介護支援専門員実務研修受講試験で求められます。

　試験の出題内容の中心は、介護保険法をはじめとする制度（法律）や、介護の原因となるさまざまな病気・障害など医学の知識です。これらは当然ながら、勉強しなければわかりません。覚えなければならない事柄も多く、毎年、受験者を悩ませます。

　本書は、基本かつ重要な知識と、近年よく出題されている事項を、コンパクトに図表や文言でまとめました。制度改正にも対応しています。暗記術なども盛り込み、忙しい仕事や家事の合間に、めくり、読み、口ずさみ、頭に入れていくことができます。ポイントをおさえた、効率的な学習にぴったりです。試験当日、会場にも持参し、直前に見直す教材としても、おすすめです。

　本書を活用し、多くの方が試験に合格されることを、心より願っています。

2023年12月

中央法規ケアマネジャー受験対策研究会

本書の使い方

頻出項目を厳選！

過去のケアマネ試験を徹底分析。
頻出項目を厳選しています。

**複雑な内容、
難解な用語を
図表でスッキリ
整理！**

試験に出やすいところ
をピンポイントで覚え
ましょう。

**暗記術で、ムリ
なくムダなく、
重要語句を頭に
インプット！**

さまざまな暗記術でし
っかり覚えましょう。

3 社会保障と介護保険

きちんと覚えられる
かな……。

社会保障の体系

社会保険	年金保険（厚生年金保険〔被用者保険〕等）	
	医療保険（健康保険〔被用者保険〕等）	
	介護保険	
	雇用保険（失業保険）	
	労災保険（労働者災害補償保険）	
社会扶助	公的扶助	生活保護
	社会福祉	児童福祉
		障害者福祉（障害者総合支援法等）
		高齢者福祉（老人福祉法等）
		社会手当（児童手当等）

5番目にできた
社会保険！

ゴロ合わせも活用して、インプットするのじゃ!!

ゴロ で覚えよう

社会保険の覚え方は、
年　　１　　回　　ゴ　　ロ　を打つ！
（年金）（医療）（介護）（雇用）（労災）

ゴロ で覚えよう

社会扶助の覚え方は、
お　世　辞　のうまい　将　校　しゃん！
（生保）（児童）　　　　　（障害）（高齢）（社手）

取り組んだ項目にチェックを入れて、
自分の進捗、達成度を確認しましょう。
繰り返し取り組むことも大切です。

デルモン仙人・
ウカルちゃんの
やりとりで、
楽しく学習!

わかりやすいキャラク
ターのセリフで、楽しみ
ながら学習しましょう。

社会保険の保険事故

保険給付の原因を保
険事故というのね。

種類	保険事故の内容
年金保険	老齢、障害、死亡
医療保険	業務外の事由による疾病、傷病等
介護保険	要介護状態・要支援状態
雇用保険	失業等
労災保険	業務上の事由による労働者の疾病、負傷、障害、死亡等

介護支援分野

介護保険の性格

種類	内容
地域**保険**	区域内の住民を被保険者とする
短期**保険**	保険給付の支給要件や支給額が原則加入期間（被保険者期間）とは無関係

赤シートで
理解度をチェック!

赤字でポイントとなる部
分を押さえましょう。

●声に出して覚えよう

介護保険は「地域」で「短期」の「社会保険」!

デルモン仙人の 特選チェック

1 社会保険は、リスク（保険事故）の分散という考え方に立つこ
とで、社会保障の対象を一定の困窮者から国民全体に拡大した
普遍的な制度となっている。

2 介護保険制度は、被保険者の老齢、障害または死亡に関して必
要な給付を行う。

3 介護保険は、職域保険に位置づけられる。

（答え）1 ○ 2 ×：要介護状態または要支援状態に関して給付。
3 ×：地域保険。

デルモン仙人の
特選チェックで
習得!

過去問を中心に、出題
頻度の高い問題を精選。
習得度を確認して、確
実な理解に努めましょう。

▶ ラクに覚える 暗記術

ゴロ で覚えよう

　文字どおり、ゴロ合わせです。思い出しやすく、イラストと関連してイメージしやすい暗記術です。

ストーリー で覚えよう

　物語で覚えると、数珠つなぎで連想することができ、思い出しやすく忘れにくくなります。

規則性 で覚えよう

　ケアマネ試験では、人数や期間など、共通項でくくれる事柄が多くあります。関連するものはつながりで覚えましょう。

声 に出して覚えよう

　リズムに合わせて覚えると、記憶に定着しやすいといわれています。韻を踏んだり、似た音や対照的な意味など、声に出すことでしっかり記憶する効果をねらっています。

▶ キャラクター紹介

デルモン仙人

　あまたある福祉系資格をすべて取得し、悟りを得た、その名もデルモン仙人。合格をめざす愛弟子のウカルちゃんのため、久方ぶりに下界に降臨！　試験に出るところを熟知し、要所に飛び出す解説は明瞭簡潔。

ウカルちゃん

　受かりたい気持ちいっぱい、ヤル気全開の元気な女の子。どこを覚えたらいいのかよくわからず、師匠の仙人に疑問を投げかけたり、時には嘆いたり。合格をめざすみんな（読者）といっしょにがんばりたいと燃えている。

トリ

　（わが輩はトリ、名前はまだない……。）ウカルちゃんとは大の仲良し。試験のことは何も知らないはず。と思いきや、時折、明快にポイントを突く。

▶ケアマネジャー試験の概要

●出題方式
五肢複択方式（5つの選択肢から正しいものを2つまたは3つ選んでマークする）

●出題数、試験時間

区　　　分		問題数	試験時間
介護支援分野	介護保険制度の基礎知識	25問	120分 （10：00～12：00）
	要介護認定等の基礎知識		
	居宅・施設サービス計画の基礎知識等		点字受験者（1.5倍） 180分 弱視等受験者（1.3倍） 156分
保健医療福祉サービス分野	保健医療サービスの知識等	20問	
	福祉サービスの知識等	15問	
合　　　計		60問	

●前回（第26回）試験の実績（2023［令和5］年10月8日実施）

受験者数	合格者数	合格率
56,494人	11,844人	21%

●合格基準

分　　　野	問題数	合格基準			
		令和2年度	令和3年度	令和4年度	令和5年度
介護支援分野	25問	15点	13点	14点	17点
保健医療福祉サービス分野	35問	22点	25点	26点	24点

（注1）配点は1問1点である。
（注2）分野ごとに、正答率70%を基準とし、問題の難易度で補正する。

●試験期日（予定）
2024年10月

福祉サービスの知識等

デルモン仙人の **特別レクチャー**

介護保険制度とは

まずはこれから学ぶ介護保険制度が、どのようなものか、簡潔に頭に入れておくとよいぞ‼

【介護保険制度】

● 介護保険法

40歳以上（被保険者）で、介護が必要な人が利用する各種介護サービスの料金（介護報酬）を、市町村（保険者）が税金・介護保険料で補助（給付）し、定率1割（2割または3割）の自己負担にする仕組み

● 指定基準

介護保険法の対象となる介護サービスを提供する事業所・施設とその職員が、税金・介護保険料の補助（給付）に見合った良質なサービスを提供するために守らなければならないルール（人員・設備・運営に関する基準）

※本書に掲載する介護報酬、指定基準に関する内容は、2023（令和5）年度のもの

ケアマネジャーは、介護保険制度を理解した上で、遵守して仕事をするんじゃ‼

ケアマネジャーによる居宅介護支援や介護予防支援は、自己負担なし♪

介護支援分野

① 介護保険制度創設のねらい

従来の制度の問題点

介護保険制度は2000（平成12）年４月に創設♪

●介護保険制度創設前後の状況

創設前	創設後
措置※1	➡ 契約※2
画一的	➡ 総合的・一体的・効率的
応能負担	➡ 応益負担
社会的入院	➡ 社会的入院の解消
バラバラな窓口	➡ ケアマネジャーが窓口

サービスの利用に応じた定率１割（２割または３割）の自己負担！

※１：市町村がサービスの種類や提供事業者等を決定
※２：利用者の選択によりサービスを提供

 創設前は、使いにくかったみたいね……。

介護保険制度創設前は、老人福祉制度（老人福祉法）、老人医療制度（老人保健法）で対応してきたのじゃ!!

🗣声 に出して覚えよう

介護保険制度の創設で
「措置」から「契約」、「（応）能」から「（応）益」へ！

 デルモン仙人の **特選チェック**

1 措置制度で行われていた老人福祉制度によるサービスでは、利用者が自由にサービスを選択できなかった。

（答え）**1** ○

2 介護保険制度の改正

改正の変遷

時期	主な改正内容
2011(平成23)年	・介護予防・日常生活支援総合事業の創設 ・定期巡回・随時対応型訪問介護看護、複合型サービスの創設
2014(平成26)年	・地域支援事業の充実 ・第1号被保険者のうち一定以上の所得のある利用者の自己負担を2割に引き上げ
2017(平成29)年	・地域共生社会の実現に向けた取り組みの推進 ・第1号被保険者のうち現役世代並みの所得のある層の自己負担を3割に引き上げ
2020(令和2)年	・市町村の包括的な支援体制の構築の支援 ・認知症施策や介護サービス提供体制の整備等の推進
2023(令和5)年	※別掲(211頁参照)

 デルモン仙人の 特選チェック

1 2020(令和2)年制度改正により、一定以上の所得がある第1号被保険者の介護給付および予防給付の利用者負担割合が3割とされた。

(答え) **1** ×：設問は、2017(平成29)年制度改正の事項。

3 社会保障と介護保険

きちんと覚えられるかな……。

社会保障の体系

社会保険		年金保険（厚生年金保険〔被用者保険〕等）
		医療保険（健康保険〔被用者保険〕等）
		介護保険 ●
		雇用保険（失業保険）
		労災保険（労働者災害補償保険）
社会扶助	公的扶助	生活保護
	社会福祉	児童福祉
		障害者福祉（障害者総合支援法等）
		高齢者福祉（老人福祉法等）
		社会手当（児童手当等）

> 5番目にできた社会保険！

 ゴロ合わせも活用して、インプットするのじゃ!!

ゴロ で覚えよう

社会保険の覚え方は、

年	1	回	ゴ	ロ	を打つ！
（年金）	（医療）	（介護）	（雇用）	（労災）	

ゴロ で覚えよう

社会扶助の覚え方は、

お	世	辞	のうまい	将	校	しゃん！
（生保）	（児童）			（障害）	（高齢）	（社手）

社会保険の保険事故

> 保険給付の原因を保険事故というのね。

種類	保険事故の内容
年金保険	老齢、障害、死亡
医療保険	業務外の事由による疾病、傷病等
介護保険	要介護状態・要支援状態
雇用保険	失業等
労災保険	業務上の事由による労働者の疾病、負傷、障害、死亡等

介護保険の性格

種類	内容
地域保険	区域内の住民を被保険者とする
短期保険	保険給付の支給要件や支給額が原則加入期間（被保険者期間）とは無関係

● 声に出して覚えよう

介護保険は「地域」で「短期」の「社会保険」!

デルモン仙人の 特選チェック

1 社会保険は、リスク（保険事故）の分散という考え方に立つことで、社会保障の対象を一定の困窮者から国民全体に拡大した普遍的な制度となっている。

2 介護保険制度は、被保険者の老齢、障害または死亡に関して必要な給付を行う。

3 介護保険は、職域保険に位置づけられる。

（答え） 1 ○ 2 ×：要介護状態または要支援状態に関して給付。
3 ×：地域保険。

4 介護保険制度の目的

介護保険制度の目的

条数	タイトル	主なキーワード
介護保険法 第1条	介護保険制度 の目的	・要介護者等の尊厳の保持
		・自立した日常生活の支援
		・必要なサービスにかかる給付※
		・国民の共同連帯の理念
		・国民の保健医療の向上
		・福祉の増進

> 被保険者の有する
> 能力に応じて！

※税金や保険料で補助すること。保険給付ともいう

保険給付の基本的理念（考え方）

条数	タイトル	主なキーワード
介護保険法 第2条	保険給付の 基本的理念 （考え方）	・要介護状態・要支援状態の軽減または悪化防止
		・医療との連携への十分な配慮
		・被保険者（利用者）の選択に基づくサービスの提供
		・多様な事業者・施設によるサービスの提供
		・居宅（在宅）における自立した日常生活への配慮

声に出して覚えよう

介護保険は「在宅」重視！

国民の努力および義務

 大事そうだけど、覚えられるか心配だなぁ……。

texttext| 条数	タイトル	主なキーワード
介護保険法 第4条	国民の努力 及び義務	・常に健康の保持増進に努める
		・要介護状態になってもリハビリテーションその他の適切な保健医療・福祉サービスを利用し、その有する能力の維持向上に努める
		・共同連帯の理念に基づき、介護保険事業に要する費用を公平に負担する（義務）

 努めるのか義務なのか、そこまで踏み込めれば申し分ないぞ!!

事例問題に反映♪

 デルモン仙人の 特選チェック

1 意思疎通が難しい利用者において、最近、痩せてきたので、その観察結果を家族介護者に伝え、原因を明らかにするための受診を勧めた。

2 近日中に退院する利用者は在宅での生活を希望し、家族は自宅への受け入れに消極的な中、家族と面談し、直ちに老人ホームへの入所申請を行うよう強く勧めた。

3 介護保険法第2条には、要介護状態等の軽減又は悪化の防止に資するよう行われなければならないとある。

答え **1** ○ **2** ×：利用者（被保険者）本人の選択に基づくサービス提供、在宅重視の視点から、適切ではない。 **3** ○

保険者（市町村）の主な事務

事務の内容
被保険者の資格管理、住所地特例の管理
認定事務（要介護認定等） 介護認定審査会の設置等
保険給付や保険料に関する事務
サービス提供事業者［地域密着型（介護予防）サービス事業者、居宅介護支援事業者、介護予防支援事業者］の指定・指定更新・指導監督（報告・立入検査等、勧告・命令等）・指定取消
上記以外のサービス提供事業者への報告等の命令と立入検査
地域支援事業の実施、地域包括支援センターの設置等
市町村介護保険事業計画の策定・変更

保険者：市町村および特別区（制度運営の責任者）
特別区：東京23区

東京以外の区は、特別区ではないんだね！

"地域""介護支援""予防支援"は市町村♪

●声 に出して覚えよう

市町村は介護「認定」審査会！
都道府県は介護「保険」審査会!!

市町村の後方支援をしているのね！

都道府県の主な事務

事務の内容
要介護認定等の支援（審査判定業務を市町村から受託した場合の都道府県介護認定審査会の設置、複数の市町村による介護認定審査会の共同設置の支援等）
保険給付等に対する財政支援（財政安定化基金の設置等）
サービス提供事業者［居宅サービス事業者、介護保険施設、介護予防サービス事業者］の指定（または許可）・指定更新・指導監督・指定取消
介護サービス情報の調査・公表
介護サービス事業者経営情報の調査及び分析等
介護支援専門員の試験・研修・登録等
介護保険審査会の設置・運営
都道府県介護保険事業支援計画の策定・変更

左右のページを見比べながら覚えるのじゃ！ 特にサービス提供事業者が、都道府県、市町村どちらの管轄か要チェックじゃ!!

"居宅サービス""施設""予防サービス"は都道府県♪

デルモン仙人の 特選チェック

1 都道府県の事務として、介護保険審査会の設置がある。

2 介護予防支援事業者の指定は、都道府県の役割である。

3 住所地特例に該当する被保険者の資格管理は、市町村の役割である。

（答え） **1** ○ **2** ×：市町村の役割である。 **3** ○

国の主な事務

事務の内容
要介護認定等の基準
介護報酬の算定基準
区分支給限度基準額
都道府県や市町村がサービス提供事業者の人員・設備・運営に関する基準（指定基準等）を定めるにあたって「従うべき」「標準とすべき」「参酌すべき」基準
第2号被保険者の負担率（給付のための費用負担割合）

制度運営に必要ないろいろなルール（基準）を設定するのね！

国の基準をもとに、都道府県や市町村が各種指定サービスや基準該当サービス、共生型サービスの人員・設備・運営に関する基準を、条例で独自に定めることができるんじゃ!!

市町村が条例で定める主な事項※

介護認定審査会委員の定数
区分支給限度基準額の上乗せ
種類支給限度基準額の設定
市町村特別給付
第1号被保険者の保険料率
普通徴収にかかる保険料の納期
保険料の減免または徴収猶予
過料（制裁としての金銭徴収）

※他に、指定地域密着型介護老人福祉施設の入所定員、地域包括支援センターの基準など

介護保険は「地域保険」。国が定めた全国共通のルール（基準）をもとに、市町村ごとに地域性を踏まえた様々なルール設定をすることもできるのじゃ!!

他の社会保険の保険者が介護保険料の徴収を手伝ってくれているのね！

医療保険者、年金保険者の事務

医療保険者	①第2号被保険者から、介護保険料を医療保険料と一体的に徴収 ②社会保険診療報酬支払基金に、介護給付費・地域支援事業支援納付金として納付※
年金保険者	①第1号被保険者のうち一定額以上の年金受給者について、年金支給の際に年金から介護保険料を特別徴収（天引き） ②市町村に納入

※被用者保険間において、以前の「加入者数」ではなく「総報酬額」に比例して納付金が決まることになった（総報酬割の導入。30ページも参照）

介護保険事業が健全かつ円滑に行われるよう協力！

 どこ（誰）から徴収して、どこに納付（納入）するのか、把握するのじゃ!!

 ● 声 に出して覚えよう

医療は2号！　年金は1号!!

デルモン仙人の 特選チェック

1 指定居宅サービスや指定介護老人福祉施設、基準該当介護予防サービス、共生型居宅サービスの人員・設備・運営に関する基準は、都道府県の条例に委任される。

2 指定居宅介護支援事業の人員・運営基準の設定は、国の役割である。

3 市町村の条例で地域包括支援センターの職員の員数を定めることができる。

答え **1** ○　**2** ×：市町村が条例で定める。
　　　　3 ○

6 被保険者

被保険者

● 被保険者＝介護保険制度を利用できる人

権利	保険給付を受けることができる（加入者に受給権を保障）
義務	介護保険料を支払わなければならない

 被保険者における権利と義務の関係は、社会保険の特徴でもあるんじゃ!!

保険給付を受ける権利は、差し押さえることができない♪※

※保険料を納付しない者などは、給付を受けられないことがある

● 資格要件

種別	年齢要件
第1号被保険者	65歳以上の者
第2号被保険者	40歳以上65歳未満の医療保険加入者

約3,600万人！

医療保険者経由で保険料を納付するため！

年齢要件に加えて住所要件※も必須なのよね！

※住所要件とは市町村の区域内に住所を有する（住民票がある）こと

 介護保険は上記の年齢要件などを満たすと自動的に保険加入者となる。本人の意思に関係なく、手続きを要さない「強制適用」なんじゃ!!

声 に出して覚えよう

介護保険は40歳から利用できる！ 40歳から強制加入!!

●外国人の場合

	根拠となる法律	例
外国人が被保険者になる場合	住民基本台帳法	・日本に長期居住する在日外国人（特別永住者） ・3か月を超えて日本に在留する外国人（中長期在留者）

観光目的で日本に短期間滞在している外国人は被保険者にならないのね！

●生活保護受給者（被保護者）の場合

40歳以上65歳未満で医療保険に加入していない	被保険者にならない
65歳に達したとき	被保険者になる

被保険者の中にも被保護者がいるんじゃ!!

Q 日本国籍をもつ人が海外に長期滞在していて日本に住所がない場合は、被保険者になる？

A 被保険者にはならないのじゃ！

「年齢要件＋住所要件」は必須♪

デルモン仙人の 特選チェック

1 医療保険に加入していない70歳の者は、第1号被保険者となる。

2 65歳以上の生活保護受給者は、住所がなくても第1号被保険者となる。

3 日本国籍をもっているが、海外に長期滞在しており日本に住所を有しない者は、被保険者とならない。

（答え） **1** ○ **2** ×：住所要件は必須である。 **3** ○

適用除外

下記施設の入所者➡40歳以上でも被保険者にならない

対象施設	法律
指定障害者支援施設 （生活介護、施設入所支援）	障害者総合支援法
指定障害福祉サービス事業者の 療養介護を行う病院	障害者総合支援法
医療型障害児入所施設、 医療型児童発達支援を行う医療機関	児童福祉法
救護施設	生活保護法
被災労働者の介護を援護する施設	労働者災害補償保険法
国立ハンセン病療養所	ハンセン病問題の解決の 促進に関する法律
のぞみの園が設置する施設	－

 Q 何で、被保険者に
ならないの？

 A 対象となる施設で、介護
保険以外の法律で補助を受け、
同等の介護が受けられるからじゃ！

ゴロ で覚えよう

適用除外施設の覚え方は、
少　々　人　生　考える　六　甲　の　山！
（障）（障）（児）（生）　　　　（労）（国）（の）

 デルモン仙人の 特選チェック

1 生活保護法に規定する救護施設の入所者は、被保険者となる。

（答え） **1** ×：適用除外である。

被保険者資格の取得・喪失

資格取得の時期	資格喪失の時期
◆年齢到達：誕生日の前日 ◆住所移転：住所を有した日 ◆医療保険への加入：加入した日 ◆適用除外でなくなった：退所した日	◆死亡：死亡した日の翌日 ◆住所移転：住所がなくなった日の翌日※ ◆医療保険脱退：加入者でなくなった当日 ◆適用除外に該当：入所した日の翌日

※当日に別の市町村に住所（住民票）を移した場合は「当日」

基本は取得「当日」、喪失「翌日」♪

届出

種別	届出の方法
第1号被保険者	原則14日以内に市町村に届出（義務）
第2号被保険者	届出の必要なし

 転出入（住所移転）や氏名変更、死亡、住所地特例適用の際などに届出が必要じゃ。世帯主の代行も可能、と覚えておくとよいぞ!!

第1号被保険者の資格の取得・喪失時に届出が必要なのね！

 デルモン仙人の 特選チェック

1 生活保護法に規定する救護施設の入所者は、65歳以上の者であっても、介護保険の被保険者とはならない。

2 被保険者が死亡した場合は、死亡届が提出された日から被保険者資格を喪失する。

（答え）**1** ○ **2** ×：死亡した翌日に喪失する。

住所地特例

　介護保険制度は、住所地である市町村の被保険者となる住所地主義が原則だが、被保険者が以下の施設に入所し、施設に住所（住民票）を移しても、移す前の市町村を保険者とすること

・介護保険施設	：介護老人福祉施設、介護老人保健施設、介護医療院[※1]
・特定施設	：有料老人ホーム[※2]、軽費老人ホームなど
・養護老人ホーム	

※介護保険適用除外施設（指定障害者支援施設等）の退所者も対象
※1：2018（平成30）年度より、重度者に介護と医療を一体的に提供する介護保険施設として創設
※2：有料老人ホームに該当するサービス付き高齢者向け住宅も対象

 施設の数は市町村によってさまざま。住所地主義だと市町村間に財政上の不均衡が生じるため、住所地特例があるのじゃ!!

● 自宅から別の市町村の住所地特例対象施設に入所したケース

● 2つ以上、住所地特例対象施設を移ったケース

● 2つ以上の施設に入所しているが、途中の施設に住所を移していないケース

被保険者証

　第１号被保険者には原則全員交付、第２号被保険者には要介護認定等の申請を行った者などに交付

書式	全国一律の様式、個人単位
破損・紛失時	直ちに再交付を申請
資格喪失時	速やかに返還
暫定被保険者証 （資格者証）	認定申請に際して提出した被保険者証の代わりに発行

保険者（市町村）が資格管理している被保険者に発行（交付）するのね！

暫定被保険者証は、認定結果が通知されるまで使用♪

被保険者証には、利用している居宅介護支援事業所等の名称や、介護保険施設等の名称と入所・退所年月日などを記載する欄があるんじゃ!!

 デルモン仙人の 特選チェック

1 有料老人ホームは住所地特例対象施設に含まれる。

2 障害者総合支援法による指定障害者支援施設を退所した者が介護保険施設に入所した場合は、当該障害者支援施設入所前の住所地の市町村の被保険者となる。

3 要介護者が他市町村に所在する介護医療院に入所する場合には、その施設所在地の市町村の認定を改めて受ける必要はない。

4 認知症対応型共同生活介護の入退居に際しては、その年月日を利用者の被保険者証に記載しなければならない。

答え **1**○ **2**○ **3**○ **4**○

7 財政構造と保険料

保険給付を行う保険者（市町村）の財源

施設系サービス（施設等給付）は、都道府県が少し多めに負担しているのね！

	在宅系サービス	施設系サービス
公費 （税金） 50%	国（国庫）の負担[※1]： 25% 都道府県の負担：12.5% 市町村の負担： 12.5%	国（国庫）の負担[※1]： 20% 都道府県の負担：17.5% 市町村の負担： 12.5%
保険料 50%	第1号被保険者の介護保険料：23%[※2] 第2号被保険者の介護保険料：27%[※2]	

※1：国の負担のうち5％は調整交付金といい、すべての市町村に一律ではなく、各市町村の第1号被保険者の所得の分布状況等を考慮して交付

※2：2021（令和3）年度から2023（令和5）年度までの負担率（給付のための費用負担割合）。2024（令和6）年度より改訂の予定。➡確定次第、HPで告知します（奥付参照）

Q 保険料50%の第1号被保険者と第2号被保険者の割合は、どういう考え方で決められるの？

A 第1号被保険者と第2号被保険者の一人当たりの平均保険料を同じ水準とする考え方がとられているのじゃ！

介護保険は特別会計♪

上記のほか、介護保険事業の事務費は市町村の一般財源で賄うぞ!!

デルモン仙人の **特選チェック**

1 介護給付および予防給付に要する費用に係る公費負担において、国の負担割合は12.5％である。

答え **1** ×：25％または20％。

被保険者にかかる保険料

市町村が条例で定める保険料率に基づき算定！

●第1号被保険者の保険料

市町村の給付水準（サービス供給見込量）等を踏まえ3年に1度設定。負担能力に応じた原則9段階の定額となっている

●第1号被保険者の所得段階別保険料基準額に対する割合

段階	対象者	割合※
第1	・生活保護受給者 ・市町村民税世帯非課税かつ老齢福祉年金受給者 ・市町村民税世帯非課税かつ本人年金収入等80万円以下	0.3
第2	・市町村民税世帯非課税かつ本人年金収入等80万円超120万円以下	0.5
第3	・市町村民税世帯非課税かつ本人年金収入等120万円超	0.7
第4	・市町村民税本人非課税（世帯に課税者がいる）かつ本人年金収入等80万円以下	0.9
第5	・市町村民税本人非課税（世帯に課税者がいる）かつ本人年金収入等80万円超	1.0
第6	・市町村民税本人課税かつ合計所得金額が120万円未満	1.2
第7	・市町村民税本人課税かつ合計所得金額が120万円以上210万円未満	1.3
第8	・市町村民税本人課税かつ合計所得金額が210万円以上320万円未満	1.5
第9	・市町村民税本人課税かつ合計所得金額が320万円以上	1.7

※2024（令和6）年度より改訂の予定。➡確定次第、ＨＰで告知します（奥付参照）

市町村の条例でさらに細分化が可能♪

● 保険料の徴収方法

市町村に納付（納入）！

被保険者		徴収方法	
第 1 号被保険者	通常^{※1}	特別徴収	年金から天引き
	低所得者等	普通徴収^{※2}	納入通知書が来て納付
第 2 号被保険者		医療保険者が徴収^{※3}（社会保険診療報酬支払基金に納付^{※4}後、各市町村に交付^{※5}）	

※ 1 ： 年額18万円以上の老齢年金、障害年金、遺族年金受給者
※ 2 ： 配偶者および世帯主に連帯納付義務
※ 3 ： 2017（平成29）年 8 月より、被用者保険（健康保険、共済組合、船員保険等）加入者の保険料は、給与所得水準に応じて納付額を決める総報酬割を導入
※ 4 ： 介護給付費・地域支援事業支援納付金
※ 5 ： 介護給付費交付金および地域支援事業支援交付金

通常が"特別"♪

普通徴収では、市町村が委託したコンビニなどでも支払いが可能なんて、便利ね！

● 保険料滞納者に対する市町村による措置
　（保険給付を受けている第 1 号被保険者）

滞納期間 1 年～	滞納期間 1 年 6 か月～	さらに滞納した場合
保険給付の支払い方法の変更（現物給付➡償還払い）	保険給付の全部または一部の支払いの一時差し止め	滞納保険料と保険給付との相殺（保険給付の額の減額）

介護保険は強制加入♪

● 保険料の減免等

　災害等で一時的に負担能力の低下が認められるなど特別な理由がある者は、条例により保険料の減免や徴収猶予ができる

財政安定化基金

市町村の介護保険財政の安定化を図るため都道府県に設置

◉対応内容

原因	内容
保険料未納による収入不足が生じた場合	➡ 不足額の2分の1を基準として交付金を交付
見込みを上回る給付費増大等により市町村の介護保険財政に不足が生じた場合	➡ 必要な資金を貸与（貸し付け）

※財源は、国・都道府県・市町村が3分の1ずつ負担
　そのうち、市町村の負担分は第1号被保険者の介護保険料で賄う

都道府県は市町村の後方支援♪

声に出して覚えよう

保険料未納は**交付**!　給付費増大は**貸与**!!

※地域医療介護総合確保基金について、医療従事者および介護事業者の確保に関する事業は支弁の対象となる。

デルモン仙人の 特選チェック

1 生活保護の被保護者の保険料は、原則として、基準額の0.5倍である。

2 第1号被保険者の保険料の普通徴収において、被保険者の配偶者および世帯主は、被保険者と連帯して納付する義務を負う。

3 第2号被保険者の保険料は、社会保険診療報酬支払基金から各市町村に介護給付費交付金として交付される。

4 市町村は、給付費増大により介護保険財政に不足が見込まれる場合には、財政安定化基金から貸付を受けることができる。

(答え) **1** ×：0.3倍。
2○ **3**○ **4**○

8 要介護認定・要支援認定

要介護認定および要支援認定（要介護認定等）

●要介護状態・要支援状態（要介護状態等）

要介護状態	常時介護を要すると見込まれる状態 ［要介護状態区分：要介護5～要介護1］
要支援状態	常時介護を要する状態の軽減もしくは悪化の防止に特に資する支援を要すると見込まれる状態、または日常生活に支障があると見込まれる状態 ［要支援状態区分：要支援2、要支援1］

> 6か月にわたり継続する慢性的な状態が対象！

●要介護認定・要支援認定

被保険者が要介護状態等にあるかどうか保険者（市町村）が認定する手続き。要介護状態、要支援状態と認定された者をそれぞれ要介護者、要支援者という

介護保険の「保険事故」とは、要介護状態・要支援状態のいずれかになることじゃぞ!!

●要介護認定等を受けた高齢者数※

令和3年　約684万人
令和4年　約691万人
令和5年　約696万人

※「介護保険事業状況報告（暫定）」令和5年4月末現在

約700万人！

デルモン仙人の 特選チェック

1 要介護状態に該当するためには、常時介護を要する状態が6か月前から継続している必要がある。

（答え） **1** ×：「6か月にわたり継続して」常時介護を要すると「見込まれる」状態。

第2号被保険者は、要介護状態等の原因が特定疾病であることが認定の条件じゃ!!

特定疾病（16種類）

名称
①がん（がん末期）
②関節リウマチ
③筋萎縮性側索硬化症（ALS）
④後縦靱帯骨化症
⑤骨折を伴う骨粗鬆症
⑥初老期における認知症
⑦進行性核上性麻痺、大脳皮質基底核変性症および パーキンソン病
⑧脊髄小脳変性症
⑨脊柱管狭窄症
⑩早老症
⑪多系統萎縮症
⑫糖尿病性神経障害、糖尿病性腎症および糖尿病性網膜症
⑬脳血管疾患
⑭閉塞性動脈硬化症
⑮慢性閉塞性肺疾患（COPD）
⑯両側の膝関節または股関節に著しい変形を伴う 変形性関節症

規則性 で覚えよう

特定疾病は、どれも「老化」に起因する病気！

デルモン仙人の 特選チェック

1 介護保険における特定疾病として、心筋梗塞がある。

答え **1** ×：上記の特定疾病には含まれていない。

要介護認定等の手続き

●要介護認定等の流れ

①認定申請	被保険者は、申請書に介護保険被保険者証を添付して市町村に申請する[※1]
②認定調査	市町村職員等が被保険者のもとを訪問し、全国一律の調査票を用いて行う
主治医意見書	市町村が被保険者の主治医（主治医がいない場合は市町村の指定する医師等）から意見を求める
③一次判定	調査票の結果および主治医意見書（一部の項目）をコンピュータで分析する
④審査・判定（二次判定）	市町村は、介護認定審査会に対して、全国一律の判定基準に従って審査・判定を求める
⑤市町村による認定の決定・被保険者への通知	市町村は、決定した要介護状態区分等、介護認定審査会の意見[※2]を被保険者証に記載し、被保険者に返還する

※1：介護保険被保険者証の交付を受けていない第2号被保険者は、医療保険被保険者証等を添付

※2：認定の有効期間や要介護状態の軽減または悪化の防止のために必要な療養などについて意見を付すことができる。指定居宅介護支援事業者等は、その意見に配慮した指定居宅介護支援等の提供に努めなければならない

申請から決定まで30日以内♪

認定調査の基本調査項目と主治医意見書に基づいて一次判定結果が出され、介護認定審査会における審査・判定（二次判定）の資料となるのじゃ!!

声に出して覚えよう

一次は**コンピュータ**！　二次は**審査会**!!

●申請代行※1および認定調査の委託※2

	地域包括支援センター	指定居宅介護支援事業者	介護保険施設	地域密着型介護老人福祉施設	介護支援専門員
申請代行	○	○	○	○	×
調査委託 新規	×	×	×	×	×
調査委託 更新	○	○	○	○	○

※1：民生委員や社会保険労務士、成年後見人による「申請代行」、被保険者の家族や親族による「代理申請」も認められている

※2：新規の認定調査は、原則市町村の職員が行う。また、都道府県知事が指定する指定市町村事務受託法人には、新規、更新ともに認定調査の委託が可能

被保険者本人の介護の状況を調査するのね！

●認定調査票および主治医意見書※

認定調査票	身体機能・起居動作、生活機能、認知機能、精神・行動障害、社会生活への適応、特別な医療に関連する項目からなる基本調査項目（74項目）および特記事項で構成
主治医意見書 （様式は全国一律）	・要介護状態等の原因となっている傷病に関する意見、認知症の中核症状・周辺症状など心身の状態に関する意見、サービス利用による生活機能の維持・改善の見通しや、医学的管理の必要性など生活機能とサービスに関する意見等で構成
	・審査会に通知され、二次判定で、第2号被保険者における特定疾病の確認にも使用

※要介護認定等に際しては、両者を省くことはできない

規則性 で覚えよう

認定調査票、主治医意見書、判定基準は「全国一律」！

一次判定

認定調査票の基本調査項目を5分野に区分。コンピュータにより要介護認定等基準時間を算定し一次判定結果が示される

実際の介護にかかる時間とは関係ない♪

直接生活介助	入浴、排泄、食事等の介護
間接生活介助	洗濯、掃除等の家事援助等
認知症の行動・心理症状（BPSD）関連行為	徘徊に対する探索、不潔な行為に対する後始末等
機能訓練関連行為	歩行訓練、日常生活訓練等の機能訓練
医療関連行為および特別な医療	輸液の管理、疼痛の看護、褥瘡の処置等の診療の補助等

 ゴロ で覚えよう

5つの区分の覚え方は、

直	感	に	聴	い	て！
(直接)	(間接)	(認知症)	(機能)		(医療)

二次判定（介護認定審査会）

必要があるときは被保険者や家族、主治医の意見を聴くことが可能♪

介護認定審査会は、①一次判定結果、②認定調査票の特記事項、③主治医意見書などをもとに、審査・判定

審査会は、市町村の附属機関。保健・医療・福祉に関する学識経験者で構成されておる。委員は市町村長が任命し、任期は原則2年※じゃ!!

※2年を超え3年以下の期間で、市町村が条例で定めることができる

認定の有効期間

認定の効力：
申請日にさかのぼって生じる（認定の遡及効）

> 要介護度（要介護状態区分等）の決定を
> 待たずに保険給付が受けられるのね！

申請区分等		原則の認定有効期間	認定可能な認定有効期間の範囲※
新規		6か月	3～12か月
区分変更		6か月	3～12か月
更新	要支援→要支援	12か月	3～48か月
	要介護→要介護		
	要支援→要介護	12か月	3～36か月
	要介護→要支援		

※介護認定審査会の意見に基づき、市町村が特に必要と認める場合に定めることができる

声に出して覚えよう

認定有効期間は、新規と区分変更が原則6か月・最長12か月、
更新が原則12か月・最長36または48か月！

 デルモン仙人の 特選チェック

1 介護認定審査会は、審査および判定の結果を申請者に通知する。
2 市町村は、介護支援専門員に更新認定の調査を委託できない。
3 主治医意見書の項目に、傷病に関する意見が含まれる。
4 新規申請の場合の認定有効期間は、12か月間の設定が可能である。

(答え) **1** ×：市町村に通知する。　**2** ×：委託できる。
3 ○　**4** ○

要介護状態区分等の更新および変更

更新	・有効期間満了日の60日前から申請可能
	・更新認定の効力は、更新前の認定の有効期間満了日の翌日から生じる
変更	・有効期間満了前でも、要介護状態等が大きく変化したとき申請可能
	・被保険者の要介護状態等が軽くなったと認める場合、市町村は職権により、変更の認定が可能
取消	・正当な理由なく被保険者が認定調査に応じない、または主治医意見書のための診断命令に従わないときは、市町村は認定の取消※や申請の却下が可能

※要介護者等に該当しなくなったと認めるときも取消可能

住所移転時の認定

●被保険者が住所を他市町村に移した場合

内容	必要の有無
新しい市町村で改めて認定を受ける	○
介護認定審査会の審査・判定を受ける※	×

※改めて審査・判定は行わず、移転前の認定書類に基づいて行う

> 14日以内に移転先の市町村に申請!

 デルモン仙人の **特選チェック**

1 更新認定の申請ができるのは、原則として、有効期間満了の日の30日前からである。

2 正当な理由なしに、職権による要介護状態区分の変更認定を行うための市町村による調査に応じないとき、市町村は被保険者の要介護認定を取り消すことができる。

答え **1** ×：60日前から。 **2** ○

給付調整

　要介護者等において、介護保険の給付に相当する給付を他制度（法令）で受けられるとき、優先すべき法令を適用すること

●介護保険より優先する給付を行う法令

種類	例
労働災害に対する補償の給付を行う法律	・労働者災害補償保険法 ・労働基準法　　　等
公務災害に対する補償の給付等を行う法律	・国家公務員災害補償法 ・地方公務員災害補償法　等
国家補償的な給付を行う法律	・戦傷病者特別援護法 ・原子爆弾被爆者に対する 　援護に関する法律　　等

😛声 に出して覚えよう

介護保険と他法令の給付調整において、
災害補償関連は"災害補償優先"！
その他の法令は"介護保険優先"!!

災害補償関連の給付を受ける場合は、介護保険の給付は行われん。それ以外の制度はすべて介護保険が優先じゃ!!

 デルモン仙人の　特選チェック

1　労働者災害補償保険法により介護保険の介護給付に相当する給付を受けられるときは、一定の限度で介護保険の給付は行われない。

2　第1号被保険者に対し生活保護から介護扶助が行われた場合は、介護保険給付は行われない。

（答え）**1** ○
　　　　2 ×：生活保護の被保険者には、まず介護保険を優先して適用。

9 保険給付の種類・内容等

介護サービスの種類

 都道府県か市町村か、きちんとおさえるのじゃ!!

●保険給付の種類

名称	内容	都道府県知事が指定・監督	市町村長が指定・監督
介護給付	要介護者に対する給付	居宅サービス 施設サービス （介護保険施設）	地域密着型サービス 居宅介護支援
予防給付	要支援者に対する給付	介護予防サービス	地域密着型介護予防サービス 介護予防支援
市町村特別給付	要介護者等に対して市町村が条例で独自に定めることができる保険給付。財源は市町村の第1号被保険者の保険料 例）移送サービス、配食サービス、寝具乾燥サービス		

"地域密着型"は、市町村♪

市町村特別給付にどんな種類があるかも要チェックね！

居宅（自宅や住宅型有料老人ホーム、サービス付き高齢者向け住宅など）の要介護者等には、居宅介護支援や介護予防支援などのケアマネジャーがかかわり、さまざまなサービスを手配するというわけじゃ!!

居宅サービスにどんなものがあるか、しっかり把握しておくのじゃぞ!!

● 居宅サービスの種類

分類	サービス名	内容
訪問系	訪問介護	入浴、排泄、食事等の介護その他の日常生活上の世話
	訪問入浴介護	居宅(利用者宅)に浴槽を持ち込んで行う入浴の介護
	訪問看護	療養上の世話または必要な診療の補助
	訪問リハビリテーション	居宅(利用者宅)を訪問して行う理学療法、作業療法その他必要なリハビリテーション
	居宅療養管理指導	医師、薬剤師等が居宅(利用者宅)を訪問して行う療養上の管理と指導
通所系	通所介護	老人デイサービスセンター等で提供する入浴、排泄、食事の介護、機能訓練等
	通所リハビリテーション	介護老人保健施設(老健)等で提供する理学療法、作業療法等の必要なリハビリテーション
短期入所系	短期入所生活介護	特別養護老人ホーム(特養)等に短期間入所して提供する介護、機能訓練等
	短期入所療養介護	老健等に短期間入所して提供する看護、医学的管理下の介護、機能訓練等
入居系	特定施設入居者生活介護	特定施設(有料老人ホーム等)で提供する入浴、排泄、食事等の介護、機能訓練、療養上の世話等
福祉用具	福祉用具貸与	福祉用具の貸与(レンタル)
	特定福祉用具販売	入浴、排泄などの特定福祉用具の販売

居宅サービスを覚えれば、介護予防サービスも一気にわかるのね!

※上記以外に住宅改修がある
※介護予防サービスは居宅サービスと同様のサービス(サービス名に"介護予防"が付く)。
　介護予防訪問介護、介護予防通所介護は地域支援事業に移行

●地域密着型サービスの種類

分類	サービス名	内容
訪問系	定期巡回・随時対応型訪問介護看護	24時間、訪問介護と訪問看護を一体的に、または事業所間で連携しながら行う[※1]
	夜間対応型訪問介護	夜間(22〜6時を含む)の巡回訪問、または通報による随時対応
通所系	地域密着型通所介護	定員18人以下の小規模な通所介護(**療養通所介護を含む**)
	認知症対応型通所介護	認知症の人が利用する通所介護
入居系	認知症対応型共同生活介護[※2]	グループホーム(共同生活住居)での介護[※3]、機能訓練等
	地域密着型特定施設入居者生活介護	定員29人以下の有料老人ホーム等で提供する介護[※3]、機能訓練、療養上の世話等
	地域密着型介護老人福祉施設入所者生活介護	定員29人以下の介護老人福祉施設(特養)で提供する介護[※3]、機能訓練、健康管理、療養上の世話等
その他	小規模多機能型居宅介護	通い・訪問・泊まり(宿泊)の介護[※3]を組み合わせて提供
	看護小規模多機能型居宅介護(複合型サービス)	小規模多機能型居宅介護と訪問看護を組み合わせて提供

※地域密着型介護予防サービスは、①介護予防認知症対応型通所介護、②介護予防小規模多機能型居宅介護、③介護予防認知症対応型共同生活介護の3種類。③の対象は要支援2で、要支援1は対象とならない
※1：定期的な巡回訪問、または通報による随時対応
※2：1つの事業所に1〜3つの共同生活住居(ユニット)
※3：入浴、排泄、食事等の介護

"29人"が同じ！

規則性 で覚えよう

地域密着型で介護予防とくれば、「認知症」と「小規模」！

●施設サービス（介護保険施設）の種類

> 2017（平成29）
> 年制度改正に
> より追加！

サービス名	内容
介護老人福祉施設※1 **（特別養護老人ホーム）**	入所定員30人以上の介護老人福祉施設で提供する介護、機能訓練、健康管理、療養上の世話等
介護老人保健施設※2	看護、医学的管理下における介護および機能訓練、その他必要な医療等
介護医療院※3	主として長期療養が必要な要介護者に対する療養上の管理、看護、医学的管理下における介護および機能訓練、その他必要な医療等

※1：新規の入所対象は原則、要介護3以上の高齢者。特別養護老人ホームの開設者（地方公共団体、社会福祉法人）でなければ、指定を受けることができない

※2：開設者は地方公共団体、医療法人、社会福祉法人、共済組合、健康保険組合等

※3：介護保険法および医療法（医療提供施設）に位置付けられ、開設者は医療法人、地方公共団体、社会福祉法人等で、開設には都道府県知事の許可が必要

施設サービスは、予防給付の対象にはなっていないのね！

デルモン仙人の 特選チェック

1 地域密着型介護予防サービスの種類に、看護小規模多機能型居宅介護（複合型サービス）は、含まれない。

2 市町村特別給付の財源は、その市町村の第1号被保険者の保険料によって賄われる。

（答え） **1** ○　**2** ○

10 介護報酬・支給限度額・現物給付

介護報酬※

※介護給付・予防給付に要する費用の額

 介護サービスの基本料金と理解するといいわね!

●介護報酬（＝介護給付費）算定にあたっての留意点

- ・国（厚生労働大臣）が定める基準により算定
- ・厚生労働大臣は算定にあたり、あらかじめ社会保障審議会の意見を聴かなければならない
- ・１単位＝10円を基本として、サービスの種類や要介護状態区分等、事業所・施設の所在地域などにより設定

●審査・支払の流れ（現物給付※の場合）

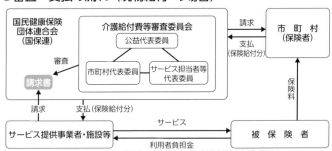

※現物給付については47ページ参照

国保連は、事業者からの介護報酬の請求に、不備・不正がないかチェックするのね!

 介護報酬は基本報酬＋加算−減算で構成♪

支給限度額

◉支給限度基準額

居宅の被保険者（利用者）が
保険給付を受けられる上限

> 施設（入居）系サービ
> スにはない仕組み～♪

> 保険給付を公平に行うためなのね！

◉区分支給限度基準額（1か月あたり）※

(単位)

要支援1	5,032
要支援2	10,531
要介護1	16,765
要介護2	19,705
要介護3	27,048
要介護4	30,938
要介護5	36,217

※46ページのサービス以外は、
この限度額の範囲内で利用す
ると、介護報酬の1割（2割
または3割）が自己負担となる

居宅介護支援、介護予防支援、小規
模多機能型居宅介護、看護小規模多
機能型居宅介護のケアマネジャーは、
担当する利用者の毎月の上限を管理
（給付管理）するのじゃ!!

声 に出して覚えよう

区分支給限度基準額は（要支援2を基本とすると）、
要支援1は要支援2の約半分！
要介護2は要支援2の約2倍！
要介護4は要支援2の約3倍！

「要介護4は約30,000単位」などと
だいたいの数字を覚えておくとよいぞ!!

●区分支給限度基準額が適用されないサービス※

短期利用を除く！

種　別	サービス
ケアマネジメント	居宅介護支援、介護予防支援
居宅サービス介護予防サービス	（介護予防）居宅療養管理指導 特定施設入居者生活介護 介護予防特定施設入居者生活介護
施設サービス	介護老人福祉施設、介護老人保健施設 介護医療院
地域密着型（介護予防）サービス	（介護予防）認知症対応型共同生活介護 地域密着型特定施設入居者生活介護 地域密着型介護老人福祉施設入所者生活介護

※：上記に加え、特定（介護予防）福祉用具販売と（介護予防）住宅改修も適用外

●福祉用具購入費支給限度基準額／住宅改修費支給限度基準額

種別	支給限度基準額	使用頻度
福祉用具購入**費**支給限度基準額	10万円	1年度間（毎年度設定される）
住宅改修**費**支給限度基準額	20万円	通算1回（同一住宅で）

デルモン仙人の 特選チェック

1 地域密着型介護老人福祉施設入所者生活介護は、区分支給限度基準額が適用されない。

2 特定福祉用具の購入は、区分支給限度基準額が適用される給付である。

3 福祉用具貸与には、区分支給限度基準額は適用されない。

（答え） **1** ○　**2** ×：別途、1年度間に10万円という福祉用具購入費支給限度基準額が設定されている。　**3** ×：適用される。

現物給付

● 償還払い方式

　被保険者（利用者）がサービス提供事業者に、サービスにかかる費用全額を支払った後、保険者から費用の払い戻しを受ける方式

償還払いになるものには何があるの？

主なものは次の4つじゃ！
・特定（介護予防）福祉用具販売
・（介護予防）住宅改修
・認定申請前のサービス利用※
・基準該当サービスの利用※

9割（8割または7割）払い戻し♪

※特例サービス費の支給。介護保険の税金・保険料で補助（給付）することを「○○費の支給」という

● 法定代理受領方式＝現物給付

　介護保険制度下のサービスは本来、償還払いが基本であるが、一定の要件※を満たすと、サービス提供事業者・施設に直接給付される（法定代理受領方式による現物給付）

※居宅介護支援（介護予防支援）を受けることを、あらかじめ市町村（保険者）に届け出てからサービスを利用する等

これにより利用者は多くのサービスを1割（2割または3割）の自己負担で使える。利用者の負担が一時的に重くなることや、利便性を考慮しているのじゃ!!

特定福祉用具販売と住宅改修以外のサービスは、現物給付で利用できると覚えるといいわね！

居宅介護サービス計画費（居宅介護支援）と介護予防サービス計画費（介護予防支援）は10割支給♪

11 利用者負担

利用者負担

　介護サービスを利用した場合、原則、サービスに要する費用の額（介護報酬）の定率1割（一定所得以上の第1号被保険者は2割または3割[※1]）を利用者が負担[※2]し、9割（8割または7割）が保険給付

※1：2018（平成30）年8月より、単身世帯の場合、年金収入等280万円以上340万円未満は2割負担、年金収入等340万円以上は3割負担

※2：災害その他の特別の事情により、定率の費用負担が困難な場合は市町村が減免

> 1割（2割または3割）の自己負担のほかに、利用者が負担するものがあるのね！

●施設等における食費・居住費（滞在費）など

種別	施設サービス（介護保険施設）	短期入所系サービス	通所系サービス
サービス	・介護老人福祉施設 ・介護老人保健施設 ・介護医療院	・短期入所生活介護 ・短期入所療養介護	・通所介護 ・通所リハビリテーション
食費	○	○	○
居住費	○	—	—
滞在費	—	○	—
日常生活費[※]	○	○	○
おむつ代	×	×	○

○：自己負担あり　　×：自己負担なし

※1：理美容代、教養娯楽費等の日常生活でも通常必要となる費用で利用者負担が適当なもの

> おむつ代は、施設サービス、短期入所系サービスでは介護報酬に含まれ、保険給付の対象となっておる。改めて利用者が負担する必要はないのじゃ!!

声 に出して覚えよう

介護保険施設、短期入所は、おむつ代の支払いなし！

高額介護（介護予防）サービス費

　要介護者等がサービスを利用した結果、定率１割（２割または３割）負担が著しく高額となるような場合に市町村（保険者）が支給。介護給付・予防給付の一種

区分支給限度基準額の範囲内で利用したサービス費の１割（２割または３割）負担が一定額（負担上限額）を超えた場合、その分が償還払いで払い戻されるのじゃ!!

●高額介護サービス費等の支給対象

サービス種別	対象の可否
居宅サービス 介護予防サービス	○
施設サービス	○
地域密着型（介護予防）サービス	○
特定福祉用具販売	×
住宅改修	×

現物給付分が対象♪

現物給付とならないサービスや、区分支給限度基準額を超えた額、食費、居住費などは、支給対象とならないのよね！

被保険者の家計に与える影響を考慮！

世帯単位
で算定♪

●所得区分ごとの負担上限額●

所得区分		世帯の上限額(月額)
現役並みの所得（本人課税所得が145万円以上）がある場合	①課税所得が約690万円以上	140,100円
	②課税所得が約380万円以上～約690万円未満	93,000円
	③課税所得が約145万円以上～約380万円未満	44,400円
上記または下記以外の場合（世帯の誰かが市町村民税を課税されている）		44,400円
①市町村民税世帯非課税 ②負担を24,600円に減額することで生活保護の被保護者とならない場合		24,600円
市町村民税世帯非課税で収入80万円以下		個人15,000円
市町村民税世帯非課税の老齢福祉年金受給者		個人15,000円
①生活保護の被保護者 ②負担を15,000円へ減額することにより被保護者とならない場合		①個人15,000円 ②世帯15,000円

高額介護（介護予防）サービス費には、所得段階別に上限額が設定されており、低所得者の負担軽減も図られているのじゃ!!

●声 に出して覚えよう

高額介護サービス費の対象は、
現物給付の定率1割（2割または3割）負担分！

高額医療合算介護（介護予防）サービス費

●高額医療・高額介護合算制度

　１年間の介護保険の利用者負担（現物給付の定率１割〔２割または３割〕の自己負担分）と医療保険の患者負担の合計額が一定額（負担限度額※）を超えるときは、超えた額を医療保険・介護保険の自己負担額の比率に応じて按分して、各保険の保険者が支給する仕組み。介護給付・予防給付の一種

※年齢および所得に応じて設定

> 月単位の高額介護（介護予防）サービス費の支給を受けた後に適用！

[参考] 高額医療・高額介護合算制度における支給手続き

④支給額の連絡

介護保険者（市町村）　　　　　医療保険者
　　　　　　　　　　　　　　　支給額算定

①申請
②介護自己負担額証明書
⑤支給

介護保険受給者　　医療保険受給者

③申請（②の証明書を添付）
⑤支給

各医療保険の高額療養費算定世帯

デルモン仙人の 特選チェック

1 短期入所系サービスにおけるおむつ代は、利用者が全額負担する。

2 施設介護サービス費に係る利用者負担は、高額介護サービス費の対象となる。

3 生活保護の被保護者である第１号被保険者には、高額介護サービス費の適用がない。

（答え）**1** ×：介護報酬に含まれ保険給付の対象。
　　　　2 ○　**3** ×：適用される。

低所得者の負担軽減

●特定入所者介護（介護予防）サービス費（補足給付）

　低所得の要介護者等の食費、居住費（滞在費）について、所得段階に応じた負担限度額を超える費用は介護保険から給付される

支給対象者	生活保護受給者等 市町村民税世帯非課税者
支給対象サービス	・介護保険施設 ・地域密着型介護老人福祉施設入所者生活介護 ・（介護予防）短期入所生活介護 ・（介護予防）短期入所療養介護

規則性 で覚えよう

特定入所者介護サービス費の対象は、
おむつ代の支払いがないサービス！

●社会福祉法人等による利用者負担額軽減制度

　社会福祉法人等による介護サービスを利用した低所得者の定率自己負担、食費、居住費（滞在費）、宿泊費の一部を軽減

支給対象者	市町村民税世帯非課税などの要件を満たし、生計が困難であると市町村が認めた者
支給対象サービス	訪問介護、通所介護など福祉系サービス（定期巡回・随時対応型訪問介護看護、看護小規模多機能型居宅介護を含む）

社会福祉法人等による利用者負担額軽減制度は、高額介護（介護予防）サービス費の支給前に、特定入所者介護（介護予防）サービス費の支給後に、適用されるのじゃ!!

訪問看護など医療系サービスは対象外♪

12 サービス提供事業者・施設

事業者・施設の指定

●介護サービス事業者・施設の分類

名称	内容	都道府県知事が指定・監督	市町村長が指定・監督
介護給付	要介護者に対する給付	居宅サービス事業者 ・介護保険施設	地域密着型サービス事業者 居宅介護支援事業者
予防給付	要支援者に対する給付	介護予防サービス事業者	地域密着型介護予防サービス事業者 介護予防支援事業者

老健と介護医療院は指定の取得ではなく、開設の許可！

地域包括支援センターだけでなく、居宅介護支援事業所も可能に

指定は、サービスの種類ごと、個々の事業所ごと♪

都道府県知事と市町村長のどちらが指定を行うかを覚えるんじゃ!!

何度か出てきたので頭に入ってきたわ！

ゴロ で覚えよう

市町村の指定の覚え方は

ケアマネジャーに　　　　　みっちゃくして　ちょ！
居宅介護支援（介護予防支援）　地域密着型サービス　市町村

●指定しない事由（主なもの）●

全サービス共通！

分類	内容
条例	申請者が「都道府県、市町村の条例で定める者」でない（法人格がない）とき※
基準	人員基準を満たしていないとき
	設備・運営基準に従って適正な事業運営ができないとき
罰金刑	介護保険法等で罰金刑に処せられているとき
滞納	社会保険料等の滞納処分を受け、かつ3か月以上滞納を続けているとき
申請者および密接な関係者	指定を取り消されてから5年を経過しないとき

※例外として、病院・診療所が、訪問看護、訪問リハビリテーション、居宅療養管理指導、通所リハビリテーション、短期入所療養介護を行う場合、薬局が居宅療養管理指導を行う場合には、法人格がなくても指定の取得が可能

上記の事由がある場合は、
指定が取得できず開業できないぞ!!

都道府県や市町村の条例で定める指定基準などを満たすことで、指定を受けることができるのね！

 デルモン仙人の 特選チェック

1 指定居宅サービス事業者の指定は、居宅サービスの種類ごとに行う。

2 介護老人保健施設は、都道府県知事から開設の許可を受けたものである。

3 地域密着型介護予防サービスにおいて、「市町村の条例で定める者」でなければ、事業者の指定を受けることができない。

（答え） **1** ○ **2** ○ **3** ○

指定の特例

「訪問介護」は対象外♪

病院・診療所などが以下のサービスを行うときは、介護保険法上の指定申請の必要がない。これをみなし指定というんじゃ!!

 みなし指定は、医療系のサービスが対象ね!

●みなし指定（病院・診療所〔保険医療機関〕、薬局〔保険薬局〕）※

申請者　＼　サービス	訪問看護	訪問リハビリテーション	通所リハビリテーション	居宅療養管理指導
病院・診療所	○	○	○	○
薬局	×	×	×	○

○：みなし指定可　×：みなし指定不可
※上記に加え、療養病床を有する病院・診療所において、短期入所療養介護が対象

●みなし指定（介護老人保健施設、介護医療院）

申請者　＼　サービス	通所系		短期入所系	
	通所介護	通所リハビリテーション	短期入所生活介護	短期入所療養介護
介護老人保健施設介護医療院	×	○	×	○

○：みなし指定可　×：みなし指定不可

ゴロ で覚えよう

介護老人保健施設のみなし指定の覚え方は、
釣り で 短気 は 漁 師になれない！
（通所リハ）　（短期入所療養介護）

指定の更新、指導・監督、指定取消

種別	内容
指定更新	6年ごとに更新を受けなければ効力を失う
指導・監督等	基準を満たしているか、随時、事業者やその従業者等に対し、報告を求め、立入検査等を実施
	基準を満たしていない事柄は、期限を定めて遵守するよう、勧告・命令等を実施
指定取消等	命令に従わない場合などは※、指定の取消あるいは期間を定めた効力停止が可能
公示	指定、指定の取消、効力停止などを行ったときは、事業者の名称などを公示

※居宅介護支援等では、要介護認定の調査の結果について虚偽の報告をしたときを含む

 各サービスを管轄する都道府県知事や市町村長が行うのね！

基準該当サービス

法人格がなくてもOK♪

基準該当サービスとは	指定条件（基準）を完全には満たしていなくても、保険者（市町村）が一定水準を満たしていると認めた事業者が、償還払いの給付を受けて提供するサービス
対象サービス	居宅介護支援、介護予防支援、訪問介護、通所介護など一部の居宅サービスと介護予防サービス

医療系サービスは含まれていないのね！

介護支援専門員（ケアマネジャー）

介護支援専門員とは	居宅介護支援や介護保険施設、特定施設、認知症対応型共同生活介護[※1]、小規模多機能型居宅介護などのケアマネジメントに従事するための公的資格
介護支援専門員になるには	都道府県知事が行う介護支援専門員実務研修受講試験に合格 →実務研修を修了 →都道府県知事の登録 →介護支援専門員証[※2]の交付(有効期間５年)
介護支援専門員証の更新	更新研修の受講義務
介護支援専門員の義務	・公正・誠実な業務遂行義務、基準遵守義務、資質向上努力義務、介護支援専門員証の不正使用の禁止、名義貸しの禁止等 ・違反した場合、登録消除等 ・消除処分後、５年間は登録不可[※3]

※１：事業所ごとに計画作成担当者を１人以上配置。少なくとも１人は介護支援専門員でなければならない

※２：介護支援専門員の業務を行うに当たり、関係者から請求があったときは、提示しなければならない

※３：欠格事由。他に、登録の申請前５年以内に居宅サービス等に関し不正な行為をした者など

 デルモン仙人の 特選チェック

1 指定介護予防支援事業者は、定期的に、指定の更新を受けなければならない。

2 病院が行う通所介護は、介護保険法上の指定申請の必要がない。

3 居宅介護支援は、基準該当サービスとして認められる。

4 介護支援専門員の義務として、その名義を他人に介護支援専門員の業務のため使用させてはならない。

（答え） **1**○ **2**×：指定の申請を行う必要がある。 **3**○ **4**○

13 介護サービス情報の公表

介護サービス情報の公表制度

　介護サービスを行う事業者・施設は、介護サービスの提供を開始するときなどに、介護サービス情報を都道府県知事に報告。都道府県知事はその内容を公表しなければならない

●公表内容[1]

種類	内容	主な具体例
基本情報[2]	基本的な事実情報（調査不要）	・事業所等の運営方針 ・サービスに従事する従業者（職員）に関する事項 ・利用料金、サービス提供時間 ・サービス内容、提供実績、苦情対応窓口等の状況　等
運営情報	事実か否かの客観的調査を要する情報	・介護サービスの質の確保のために講じている措置（サービス提供記録、マニュアル、職員研修の実施状況等） ・相談・苦情等の対応や情報管理・個人情報保護等、利用者の権利擁護等のために講じている措置 ・事業者に経営情報の公表の義務化 等

※1：居宅療養管理指導と介護予防支援を除いた全介護サービスが対象
※2：介護サービスの提供開始時に都道府県知事へ報告すべき情報

●都道府県知事による調査命令・指定の取消等

事業者が報告をしなかった場合や調査を受けなかった場合	報告すること、調査を受けること等を命令することが可能
命令に従わない場合	指定の取消や期間を決めて効力の停止を実施可能（市町村指定の事業者の場合は、その旨を市町村長に通知）

●指定調査機関と指定情報公表センター（都道府県が指定）

名称	役割	義務
指定調査機関※	介護サービス情報の報告に係る調査事務	秘密保持義務　等
指定情報公表センター※	介護サービス情報公表事務（全部または一部）	

※都道府県知事は、調査や公表の事務をこれらに行わせることができる

> 調査員：研修を修了し都道府県知事作成の調査員名簿に登録される必要あり！

2011（平成23）年改正で、指定調査機関が事業者から徴収できるとされていた調査にかかる手数料が廃止されたのじゃ!!

都道府県の判断で徴収することもできるのよね！

利用者のサービス選択に資するために公表♪

●声 に出して覚えよう

介護サービス情報の報告先・調査・公表は都道府県！

デルモン仙人の 特選チェック

1　介護サービスを行う事業者・施設が報告内容の是正命令に従わないときには、その指定または許可が取り消されることがある。
2　市町村は、介護サービス情報の報告に係る調査事務を指定調査機関に行わせることができる。
3　地域密着型サービスに係る情報の公表は市町村長が行う。

（答え）1 ○　2 ×：都道府県知事が行わせる。
3 ×：都道府県知事が行う。

14 地域支援事業

地域支援事業

実施主体は市町村♪

被保険者が要介護状態等になることを予防し、要介護状態等になった場合でも、できる限り地域で自立した日常生活を営めるように実施

介護予防・日常生活支援総合事業（必須事業）	①介護予防・生活支援サービス事業 ・訪問型サービス（第1号訪問事業） ・通所型サービス（第1号通所事業） ・その他生活支援サービス（第1号生活支援事業）（配食、見守り等） ・介護予防ケアマネジメント（第1号介護予防支援事業）※1 ②一般介護予防事業※3	対象：要支援者およびそれ以外の者※2
包括的支援事業（必須事業）	①第1号介護予防支援事業（要支援者を除く）※1 ②総合相談支援業務 ③権利擁護業務（虐待防止・早期発見等） ④包括的・継続的ケアマネジメント支援業務（ケアプランの検証等） ⑤在宅医療・介護連携推進事業 ⑥生活支援体制整備事業 ⑦認知症総合支援事業 ⑧地域ケア会議推進事業	対象：被保険者
任意事業	①介護給付等費用適正化事業 ②家族介護支援事業（介護方法の指導等） ③その他の事業（成年後見制度利用支援事業等）	

※1：一体的に実施
※2：「それ以外の者」とは、基本チェックリストにより支援が必要と判断された第1号被保険者等
※3：対象はすべての第1号被保険者およびその支援のための活動にかかわる者。介護予防把握事業、介護予防普及啓発事業、地域介護予防活動支援事業、一般介護予防事業評価事業、地域リハビリテーション活動支援事業がある

●地域支援事業※1を行う市町村の財源

	介護予防・日常生活支援総合事業	包括的支援事業任意事業
国（国庫の負担）	25%	38.5%
都道府県の負担	12.5%	19.25%
市町村の負担	12.5%	19.25%
第1号保険料	23%※2	23%
第2号保険料	27%※2	—

※1：利用者に対し利用料を請求することも可能
※2：2021（令和3）年度から2023（令和5）年度
までの負担率（給付のための費用負担割合）。2024
（令和6）年度より改訂の予定。→確定次第、
HPで告知します（奥付参照）

第2号被保険者の分を負担！

在宅系サービスの保険給付の割合と一緒！

包括的支援事業と任意事業に、第2号被保険者の保険料は使っていないのね！

要支援認定を受けた被保険者(要支援者)は、地域包括支援センターによるケアマネジメントに基づいて、介護予防・生活支援サービスと、訪問看護や福祉用具などの予防給付のサービスを、ニーズに応じて組み合わせて利用することになるのじゃ!!

デルモン仙人の　特選チェック

1 家族介護支援事業は、包括的支援事業に含まれる。

2 介護予防・日常生活支援総合事業の介護予防・生活支援サービスについて、居宅要支援被保険者は、利用できる。

3 一般介護予防事業の種類に、家族介護支援事業は、含まれる。

（答え）**1** ×：含まれない。任意事業に含まれる。　**2** ○　**3** ×：含まれない。任意事業に含まれる。

▌地域包括支援センター

2017（平成29）年制度改正により事業の質の評価が義務化♪

　地域支援事業のうち、包括的支援事業等を一体的に行う中核的施設として位置づけられる

◉地域包括支援センターの概要

実施主体	職員構成	事業内容
・市町村 ・受託法人^{※1}	・保健師 ・社会福祉士 ・主任介護支援専門員	・包括的支援事業 ・任意事業等^{※2}

※1：老人介護支援センターの設置者、社会福祉法人、医療法人等
※2：他に、介護予防・日常生活支援総合事業の一部を受託して実施

委託を受けた法人は、包括的支援事業を一括[※]して行うのじゃ!!

※60ページの③④について。②⑤⑥⑦は、地域包括支援センター以外の実施主体にも委託可能

市町村の指定を取得し、介護予防支援も実施！居宅介護支援事業所も可能に

介護予防ケアマネジメント（第1号介護予防支援事業）[※]も一括して実施♪

※介護予防ケアプランの作成等

地域包括支援センター運営協議会：
被保険者や関係団体等で構成。市町村単位で設置される。地域包括支援センターの中立・公正な運営を図るため、運営とその評価などを審議

◉地域ケア会議の推進

　市町村または地域包括支援センターが主体として開催する地域ケア会議が、2014（平成26）年制度改正で法定化（努力義務）

地域包括ケアシステム構築の中核的な役割を、ますます期待されているのね！

[参考] 地域ケア会議（地域包括支援センターおよび市町村レベルの会議）の推進

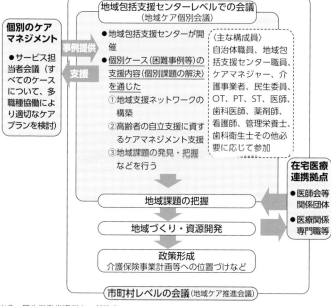

個別のケアマネジメント

●サービス担当者会議（すべてのケースについて、多職種協働により適切なケアプランを検討）

事例提供
支援

地域包括支援センターレベルでの会議
（地域ケア個別会議）

●地域包括支援センターが開催

●個別ケース（困難事例等）の支援内容（個別課題の解決）を通じた
　①地域支援ネットワークの構築
　②高齢者の自立支援に資するケアマネジメント支援
　③地域課題の発見・把握
　などを行う

〈主な構成員〉
自治体職員、地域包括支援センター職員、ケアマネジャー、介護事業者、民生委員、OT、PT、ST、医師、歯科医師、薬剤師、看護師、管理栄養士、歯科衛生士その他必要に応じて参加

在宅医療連携拠点

●医師会等関係団体

●医療関係専門職等

地域課題の把握

地域づくり・資源開発

政策形成
介護保険事業計画等への位置づけなど

市町村レベルの会議（地域ケア推進会議）

出典：厚生労働省資料を一部改変

居宅介護支援事業者等は、地域ケア会議からの求めがあったとき、必要な支援体制に関する意見の開陳、個別のケアマネジメントの事例提供への協力が、努力義務となっておるぞ‼

デルモン仙人の　特選チェック

1 包括的支援事業のうち、総合相談支援は、地域包括支援センター以外に委託することができる。

2 地域包括支援センターが指定介護予防支援の業務を行う場合には、市町村の指定を受ける必要がある。

3 地域ケア会議の機能には、個別課題の解決や政策の形成がある。

（答え）**1** ×：地域包括支援センター以外に委託することができない。
2 ○　**3** ○

15 介護保険事業計画

介護保険事業計画

国（厚生労働大臣）が定めた「基本的な指針※」に即して、3年を1期として、市町村・都道府県が作成する計画

※サービス提供体制の確保、地域支援事業の実施に関する基本的事項などを含む

老人福祉計画、医療計画等との関係

		老人福祉計画	地域福祉計画	医療計画等
市町村	介護保険事業計画	一体	調和	―
都道府県	介護保険事業支援計画	一体	調和	整合性

在宅医療・介護連携の推進♪

2014（平成26）年の制度改正により、「整合性」をもったものに！

🗣 声 に出して覚えよう

他の計画との関係性は、「老人って（老人福祉計画）　いったい……」（一体）

デルモン仙人の 特選チェック

1. 介護保険事業に係る保険給付の円滑な実施を確保するための基本的な指針では、介護給付等対象サービスを提供する体制の確保に関する基本的事項を定める。

2. 市町村介護保険事業計画は、市町村老人福祉計画と連携をとって作成する。

答え 1 ○　2 ×：一体のものとして作成する。

市町村・都道府県計画の内容

 施設（入居）系を中心としたサービスの整備計画のような役割もあるわね！

計画	内容
市町村介護保険事業計画	【定めるべき事項】 認知症対応型共同生活介護等の必要利用定員総数その他の介護給付等対象サービスの量の見込み／地域支援事業の量の見込み　等 【定めるよう努める事項】 医療との連携に関する事項　等
都道府県介護保険事業支援計画	【定めるべき事項】 介護専用型特定施設入居者生活介護等の必要利用定員総数／介護保険施設の種類ごとの必要入所定員総数その他の介護給付等対象サービスの量の見込み　等 【定めるよう努める事項】 介護保険施設等の生活環境の改善／介護サービス情報の公表／介護支援専門員等の確保および資質向上ならびにその業務の効率化および質の向上に資する事業に関する事項　等

計画を上回る場合、市町村長・都道府県知事は施設等の指定（許可）をしないことができるのじゃ‼

 デルモン仙人の 特選チェック

1 市町村介護保険事業計画において定めるべき事項として、地域支援事業の量の見込みがある。

2 都道府県介護保険事業支援計画では、認知症対応型共同生活介護の必要利用定員総数を定めることとされている。

答え **1** ○ **2** ×：市町村介護保険事業計画で定める。

16 国民健康保険団体連合会の業務

国民健康保険団体連合会（国保連）

都道府県単位で設立。市町村から委託を受けて介護報酬の審査・支払業務等を行う

介護報酬は介護給付費ともいうのね！

●国保連の介護保険事業関係業務

種類	内容
①介護報酬の審査・支払	介護報酬の審査・支払
②介護予防・日常生活支援総合事業に要する費用の審査・支払	総合事業の受託者に対する費用の支払決定にかかる審査・支払業務
③介護給付費等審査委員会の設置	介護給付費請求書および介護予防・日常生活支援総合事業費請求書の審査
④苦情処理等の業務	事業所・施設が提供したサービスに関する利用者等からの苦情受付、事実関係の調査、指導・助言
⑤第三者行為求償事務	市町村が第三者に対して取得する損害賠償請求権にかかる賠償金の徴収・収納の事務の受託
⑥その他の業務	・介護サービスの提供事業、介護保険施設の運営 ・その他の介護保険事業の円滑な運営に資する事業（市町村事務の共同電算処理等）

市町村（保険者）は、賠償額の限度で保険給付の責任を免れる！

●介護給付費等審査委員会

委員は国保連が委嘱！

構成	介護給付等対象サービス担当者または介護予防・日常生活支援総合事業担当者代表委員
	市町村代表委員
	公益代表委員
任期	2年

各代表は同数！

●苦情処理等の業務

居宅介護支援（介護予防支援）事業者は、利用者の申立てに関して必要な援助を行う！

申立て方法	原則書面で。口頭でもOK
業務内容	事実関係の調査を行い、改善の必要が認められた場合には、事業者・施設に対して指導・助言を行う

強制権限を伴う立入検査や指定の取消等はできない！

利用者からの苦情は市町村の窓口や居宅介護支援事業者等、住民に身近な窓口でも受け付けているぞ!!

国保連は介護サービスに関して対応する点がポイントね！

デルモン仙人の 特選チェック

1 国民健康保険団体連合会の行う介護保険事業関係業務には、介護給付費等審査委員会の設置がある。

2 国民健康保険団体連合会の行う介護保険事業関係業務には、事業所に対する強制権限を伴う立入検査がある。

3 国民健康保険団体連合会の業務として、指定居宅介護支援事業を運営することができる。

（答え） 1 ○　2 ×：立入検査などの権限はない。　3 ○

17 審査請求

介護保険審査会による不服審査

被保険者は、市町村の業務（行政処分）に不服がある場合、都道府県に設置される介護保険審査会に審査請求できる

審査請求できる事項
①保険給付[※1]に関する処分[※2]
②保険料その他介護保険法の規定による徴収金に関する処分[※3]

※1：介護給付、予防給付、市町村特別給付、特定入所者介護サービス費の支給など
※2：被保険者証の交付の請求に関する処分、要介護認定・要支援認定に関する処分を含む
※3：保険料の滞納に関する処分を含む

介護保険審査会

委員	市町村代表委員　　3人 被保険者代表委員　3人 公益代表委員　　　3人以上
任期	3年。都道府県知事が任命、再任も可
会長	公益代表委員から選挙で選出（1人）

審査は、介護保険審査会が指名する委員で構成する合議体で行われる！

要介護認定等の審査請求事件は、公益代表委員が取り扱う♪

 委員は都道府県知事が任命するが、中立性・公平性に基づき、知事の指揮監督を受けるべきものではないとされておる!!

規則性 で覚えよう

介護保険審査会は、「3」（人、年）と覚えよう！

●専門調査員

要介護認定等の審査請求事件の迅速・正確な処理のために置く
ことができる

要件	誰が任命	どこに置かれる
保健・医療・福祉の学識経験者	都道府県知事	介護保険審査会

声 に出して覚えよう

委員の任期は、認定2年！　　給付2年！　　保険3年！
（介護認定審査会）　（介護給付費等審査委員会）　（介護保険審査会）

国保連は介護サービスの苦情処理機関、介護保険審査会
は市町村の業務（行政処分）に対する苦情処理機関♪

審査請求の対象となる
処分の取消の訴えは、
審査会の裁決を経た後
でなければ裁判所に提
起できないのじゃ!!

要介護認定等を行うの
は介護認定審査会ね！

デルモン仙人の 特選チェック

1 介護保険の審査請求において、要介護認定または要支援認定に
関する処分は、審査請求の対象となる。

2 介護保険の審査請求において、居宅介護支援や訪問介護の契約
解除は対象とならない。

3 介護保険審査会への審査請求が認められるものとして、被保険
者証の交付の請求に関する処分がある。

4 介護保険審査会は、都道府県知事の指導監督の下で裁決を行う。

（答え）　**1** ○　**2** ○　**3** ○

4 ×：知事の指揮監督を受けるべきものではないとされて
いる。

18 介護支援サービス(ケアマネジメント)と介護支援専門員

ケアマネジメントのプロセス

利用者の生活上のニーズを満たし、解決するために、サービスの利用など、必要かつ適切な社会資源等を結びつける手続きの総体

ケアマネジャーはこの手法を使って仕事をするのね!

①インテーク	利用者への挨拶、自己紹介、介護支援サービスの説明と同意、契約等、利用者への援助の開始
②課題分析 (アセスメント)	利用者・家族等から、利用者の心身の状態や生活の状況等を把握し、生活全般の解決すべき課題(ニーズ)を明らかにする
③ケアプラン 作成	ニーズ解決のため、必要なサービス等を盛り込んだケアプランの原案を作成後、主宰するサービス担当者会議での検討を経て確定
④ケアプランの 実施	ケアプランに組み込んだ各種サービスを、関係事業者などとの連絡・調整のうえ実施
⑤モニタリング	サービス事業者からも情報を得て、ケアプランに沿って実施されているかなどを定期的に点検
⑥評価※	ケアプランについて、目標が達成され、課題が解決したかどうかなどを総括
⑦終結	死亡や入院、入所などにより介護支援サービスを終了

※必要に応じて再課題分析を行い、ケアプランを作り直し、ケアマネジメントを継続する

モニタリングは、ケアプランの実施状況の把握（利用者についての継続的なアセスメントを含む）。目標の達成度や利用者の解決すべき課題の変化の確認も行うんじゃ!!

●ケアマネジメント（介護支援サービス）のあり方※

キーワード	ポイント
ニーズ優先アプローチ	サービス優先アプローチではない
利用者本位の徹底	要望のすべてをケアプランに盛り込むわけではない
利用者本人の自己決定	家族やケアマネジャーと相いれない場合は合意が得られるよう努力
利用者のストレングス	意欲や有する社会資源などの「強み」をアセスメントしケアプランに反映
代弁（アドボカシー）	利用者に代わりサービス提供事業者等に意向を伝達

※他に、予防やリハビリテーションの充実、市民の幅広い参加と民間活力の活用、総合的・一体的・効率的なサービスの提供、必要なサービスの有効活用により家族の過重な介護負担を軽減、知識が不足している家族介護者に情報提供や助言、家族介護者がもつケアの潜在的可能性を見きわめケア能力を高めるよう支援等

 事例問題に反映♪

利用者・家族間とその関係を継続的に調整！

16ページでおさえた制度の目的や理念も、ケアマネジメントのあり方として理解しておくとよいぞ!!

規則性で覚えよう

ニーズをふまえずサービスを手配していれば×！
利用者本人に確認せず、家族やケアマネジャーの一方的な判断・独断でサービスを手配していれば×!!

介護支援専門員（ケアマネジャー）

●介護支援専門員の基本姿勢[1]

基本倫理	①人権尊重 ②主体性の尊重 ③公平性 ④中立性 ⑤社会的責任 ⑥個人情報の保護
基本視点	①自立支援 ②ノーマライゼーションとQOL[2] ③生涯発達

> 利用者・家族に対する指示、命令、説得も×（不適切）！

> 可能な限りその人らしい生活の構築を試みる！

※1：他に、利用者の人生・人生観・生き方・価値観等の理解・尊重、生活の中でできること・できないことを利用者と一緒に確認等
※2：Quality of life；生活の質

ゴロ で覚えよう

介護支援専門員の基本倫理の覚え方は、

主（主体性の尊重）　**人**（人権尊重）　**公**（公平性）　は **中立**（中立性）　な **社会**（社会的責任）　**人**（個人情報の保護）　！

デルモン仙人の 特選チェック

1 利用者本位を徹底するため、要介護者等から要望のあったサービスは、すべてケアプランに盛り込む。

2 ケアプラン作成にあたって、目標には、サービス提供事業者の到達目標を記載する。

3 特定のサービス事業者や、特定の種類のサービスに不当に偏ることなく、公正中立に支援する。

（答え） **1** ×：課題（ニーズ）を解決するために必要なサービス等をケアプランに盛り込む。　**2** ×：サービスを受けつつ到達しようとする利用者の到達目標を記載する。　**3** ○

19 居宅介護支援

　居宅要介護者が、適切な指定居宅サービスなどを、継続的かつ計画的に利用できるよう、利用者ごとに居宅サービス計画（ケアプラン）を作成し、指定居宅サービス事業者等との連絡調整その他の便宜の提供を行う

▌人員・運営に関する基準（指定基準）

●人員基準（介護予防支援と比べながら）

	居宅介護支援	介護予防支援
ケアマネジャー	常勤の介護支援専門員を1人以上（2人目以降は非常勤可能）	保健師その他の指定介護予防支援に関する知識を有する担当職員[1]
人員配置	利用者35人に1人を標準端数を増すごとに1人	1人以上（必要な数）
管理者	常勤の主任介護支援専門員[2]	常勤の職員
指定権者	市町村	市町村

※1：介護支援専門員や社会福祉士、経験のある看護師など
※2：2026（令和8）年度までは経過措置により介護支援専門員でも可

管理者は、どのサービスでも常勤！

地域包括支援センター職員と兼務可！

　介護予防支援には、介護支援専門員の有資格者が、必ずしも従事はしていないのじゃ!!

●声 に出して覚えよう

居宅介護支援の管理者は専門職（主任介護支援専門員）！

●サービス利用に関する主な基準

項目	内容
内容および手続の説明と同意	利用者・家族に重要事項を記した文書を交付し説明を行い、同意を得る
提供拒否の禁止	正当な理由[1]なくサービス提供を拒んではならない
サービス提供困難時の対応	通常の事業の実施地域等を勘案し、他事業所の紹介等、必要な措置を講じる
利用者の受給資格等の確認	被保険者証より、被保険者資格、認定の有無、有効期間を確認
要介護認定の申請にかかる援助	利用申込者の意思をふまえて必要な協力を行う[2]
身分を証する書類の携行	初回訪問時および求められたとき提示すべき旨を職員に指導

※居宅介護支援等では、サービスの提供開始に際し、あらかじめ、複数のサービス事業者の紹介を求めることができることを利用者に説明。また、利用者に入院する必要が生じたときは、ケアマネジャーの氏名と連絡先を入院先の病院・診療所に伝えるよう、あらかじめ、利用者・家族に求める
※1：事業所の現員では利用申込に応じきれない場合など
※2：居宅介護支援（介護予防支援、施設介護支援）の場合は申請代行が可能

訪問系サービス共通の基準！

全サービス共通の基準！

指定基準の項目には「共通」したものがある。そこを意識して頭に入れるのじゃ!!

 デルモン仙人の 特選チェック

1 指定居宅介護支援事業者において、利用者が30人の場合には、介護支援専門員は非常勤で1人置けばよい。

2 事業所の現員では利用申込に応じきれない場合には、サービスの提供を拒むことができる。

（答え）**1** ×：常勤の介護支援専門員が1人以上必要。 **2** ○

●ケアマネジメントに関する主な基準

項目	内容
課題分析（アセスメント）の留意点	利用者の居宅を訪問し、利用者および家族に面接して実施。面接の趣旨を説明し理解を得る
居宅サービス計画（ケアプラン）原案の作成	アセスメントに基づき、利用者・家族の意向やニーズ、提供されるサービスの長期目標・短期目標と達成時期などを記載
サービス担当者会議※1等による専門的意見の聴取	会議は開催を原則とし、原案の内容について、ケアプランに位置づけたサービスの担当者から専門的意見を求め、調整を図る。担当者欠席時は照会等が可能
居宅サービス計画の説明・同意	原案の内容について利用者・家族に説明し、文書で同意を得る
居宅サービス計画の交付	利用者およびサービスを提供する担当者へ交付
個別サービス計画※2の提出依頼	ケアプランを交付したときは、担当者に対し、個別サービス計画の提出を求める
モニタリングの実施	少なくとも月1回利用者の居宅を訪問し、利用者に面接、その結果を記録。必要に応じてケアプランを変更する
居宅サービス計画の変更の必要性の検討	要介護認定の更新時、要介護状態区分の変更時などに、サービス担当者会議を開催し、担当者から専門的意見を求める

※1：利用者や家族の参加が望ましくない場合には、必ずしもその参加を求めない
※2：訪問介護計画、訪問看護計画、訪問リハビリテーション計画など

医師・歯科医師の訪問に合わせて利用者宅（居宅）で開催可能！
利用者、家族の参加が基本！ オンライン会議も可！

項目	内容
介護保険施設への紹介	利用者が入所を希望する場合や居宅での生活が困難になった場合、紹介その他の便宜を提供
介護保険施設等からの退院・退所	居宅における生活へ円滑に移行できるよう、あらかじめケアプランの作成等の援助を行う
主治の医師等の意見等	利用者が訪問看護など医療系サービスを希望する場合、利用者の同意を得て主治医等の意見を求める。ケアプランに位置づけるのは、主治医等の指示がある場合に限る
福祉用具の居宅サービス計画への反映	福祉用具貸与、特定福祉用具販売を位置づける場合、ケアプランに必要な理由を記載(貸与を継続するときも、その理由を記載する)
被保険者証の認定審査会意見	意見の記載があるときは、利用者の理解を得た上で、その内容に沿ってケアプランを作成
利用料等の受領	利用者の選定により、通常の事業実施地域以外の地域で居宅介護支援を行う場合、交通費を利用者に請求可能
総合的な居宅サービス計画の作成	フォーマルな介護サービスに加えて、必要に応じて、地域住民による自発的な活動によるサービスなどインフォーマルサポートもケアプランに位置づけるよう努める
利用者が他事業者の利用を希望する場合	利用者に対し、直近のケアプランおよびその実施状況に関する書類を交付

ケアマネジメントに関するこれらの基準は、介護予防支援、施設介護支援でも同様と、とらえておくとよいぞ!!

●その他の基準

> 全サービス共通の基準♪

項目	内容
サービスの質の評価	事業者は、自らその提供するサービスの質の評価を行い、常にその改善を図る
利用者に関する市町村への通知	正当な理由なく、要介護状態の程度を増進（悪化）させた場合や、不正行為により保険給付を受けた場合など、遅滞なく通知
勤務体制の確保	・研修の機会の確保 ・ハラスメント防止措置を講じる
従業者の健康管理	清潔の保持および健康状態について必要な管理 ⟨2020(令和2)年改正事項！⟩
掲示	運営規程の概要、勤務体制、重要事項等の掲示（書面の備え付け、閲覧での代用可）
秘密保持	・業務上知り得た秘密の漏洩禁止（退職後〔介護支援専門員でなくなった後〕も含む） ・サービス担当者会議等での個人情報使用時はあらかじめ文書により利用者本人、家族それぞれの同意を得る
広告	虚偽または誇大な広告内容の禁止
利益収受の禁止	金品その他の財産上の利益収受禁止
苦情処理	迅速かつ適切な苦情処理、苦情内容等の記録

ケアプランに位置づけた他社や他事業所のサービスについても対応！

介護老人保健施設、介護医療院には広告の制限がある！

 秘密保持は、介護認定審査会委員など関係者も一緒ね！

項目	内容
事故発生時の対応	・速やかに市町村、利用者の家族等に連絡するとともに、必要な措置を講じる ・事故状況および処置等の記録 ・賠償すべき事故発生時には速やかに損害賠償
記録の整備※	ケアプラン、アセスメント、サービス担当者会議、モニタリングの結果、苦情内容等（完結の日から2年間保存）

※上記の他に、従業者や会計に関する記録も整備

声に出して覚えよう

居宅介護支援の**モニタリングは少なくとも月1回！**

（最低月1回居宅への訪問、面接、記録）

記録の保存は**2年間!!**
（完結の日から2年間保存）

介護報酬（居宅介護支援の介護給付費）

●介護報酬（1か月につき）

居宅介護支援費（Ⅰ）※	要介護1・2	要介護3・4・5
居宅介護支援費（ⅰ）	1,076単位	1,398単位
居宅介護支援費（ⅱ）	539単位	698単位
居宅介護支援費（ⅲ）	323単位	418単位

※介護支援専門員1人あたりの取扱件数が、（ⅰ）は40件未満、（ⅱ）は40件以上60件未満、（ⅲ）は60件以上の部分について算定。一定の情報通信機器の活用または事務職員の配置を行っている事業所は、別途「居宅介護支援費（Ⅱ）」を算定

1か月あたり要介護度別♪

介護報酬は、報酬体系を頭に入れておくとよい！
あとはサービスの特徴が表れる加算に注目じゃ!!

●居宅介護支援における加算

> ファックス等でもOK！

要件	内容等
初回加算	新規にケアプランを作成した場合など
特定事業所加算	人員配置等が一定の基準に適合する場合
入院時情報連携加算	利用者が入院した病院・診療所の職員に対して、利用者情報の提供を行った場合
退院・退所加算	病院・介護保険施設等からの退院・退所時に当該職員と面談し、ケアプランの作成、サービスの調整をした場合
緊急時等居宅カンファレンス加算	病院・診療所の医師または看護師等とともに、利用者の居宅を訪問しカンファレンスを行い、必要なサービスの調整を行った場合
ターミナルケアマネジメント加算	末期の悪性腫瘍により在宅で死亡した利用者の居宅を訪問[1]し、主治医および居宅サービス事業者に情報提供した場合

※1：死亡日および死亡日前14日以内に2日以上
※2：上記の他に「特定事業所医療介護連携加算」「通院時情報連携加算」がある

 指定基準を遵守しないと減算となる！　まずは半分に
減算、2か月以上継続すると算定されなくなるぞ!!

 デルモン仙人の 特選チェック

1 利用者からは、居宅サービス計画の原案について文書による同意を得なければならない。

2 モニタリングにおいては、月に1回以上、結果を記録しなければならない。

3 利用者が他の事業者の利用を希望する場合には、直近の居宅サービス計画とその実施状況に関する書類を当該他の事業者に交付しなければならない。

（答え）**1** ○　**2** ○　**3** ×：利用者に交付しなければならない。

20 🐦 介護予防支援

人員※・運営に関する基準（指定基準）

※人員基準は73ページ参照

●ケアマネジメントに関する主な基準

項目	内容
目標志向型の介護予防サービス計画（ケアプラン）※1作成	利用者の「できること」を可能な限り行ってもらい、生活機能の改善と生活の質の向上を目指す
個別サービス計画作成の指導および報告の聴取	担当職員は、指定介護予防サービス事業者等から、サービス提供状況や利用者の状態等を少なくとも月1回聴取
モニタリングの実施	少なくとも3か月に1回利用者の居宅を訪問し、利用者に面接※2。少なくとも月1回はモニタリング結果を記録
評価	ケアプランに位置づけた期間が終了するときは、目標の達成状況を評価
介護予防短期入所生活（療養）介護	利用日数が認定有効期間のおおむね半数を超えないようケアプランに位置づける
介護予防福祉用具貸与・特定介護予防福祉用具販売	担当職員は、その利用の妥当性を検討し、必要に応じて随時サービス担当者会議を開催
指定介護予防支援の業務の委託	指定居宅介護支援事業者も市町村からの委託を受けて実施可能とする

※1：利用者が目標とする生活や専門的観点からの目標と具体策、利用者・家族の意向、それらを踏まえた具体的な目標などを記載
※2：訪問しない月は電話等で確認

居宅介護支援事業者でも、介護予防サービス計画を作成することがあるというわけね！

居宅介護支援と共通！

介護報酬（介護予防支援の介護給付費）

●介護報酬（1か月につき）

介護予防支援費	438単位

 居宅介護支援よりシンプルね！

●介護予防支援における加算

要件	内容等
初回加算	新規のケアプラン作成時等の場合
委託連携加算	利用者に提供する指定介護予防支援を指定居宅介護支援事業所に委託する際、必要な情報提供やケアプラン作成等に協力した場合

 介護予防支援は、地域支援事業と連続性・一貫性をもった支援が求められておる!!

◆声に出して覚えよう

介護予防支援のモニタリングは、少なくとも3か月に1回居宅を訪問！

 デルモン仙人の **特選チェック**

1 指定介護予防支援の担当職員は、介護支援専門員でなくてよい。

2 介護予防サービス計画とその原案は、問題志向型で作成しなければならない。

3 介護予防サービス計画には、「利用者が目標とする生活」や「専門的観点からの目標と具体策」を記載しなければならない。

4 指定介護予防支援について、居宅介護支援事業所も市町村からの委託を受けて実施可能とする。

（答え） **1** ○ **2** ×：生活機能改善のための目標志向型の計画を作成しなければならない。 **3** ○ **4** ○

21 施設介護支援

介護保険施設の人員・運営等に関する基準(指定基準)

> 都道府県の条例で定める員数♪

●ケアマネジャーについての人員基準

計画担当**介護支援 専門員**※	1人以上の常勤 (2人目以降は非常勤でも可)

> 他の職務と
の兼務可!

※計画担当介護支援専門員とは、施設の介護支援専門員のこと

●ケアマネジメントに関する主な基準

項目	内容
モニタリングの実施	定期的に利用者(入所者)に面接し、その結果を記録
計画担当介護支援専門員の責務	・利用者が居宅で生活できるか定期的に検討 ・やむを得ず実施した身体拘束の理由、態様、時間、利用者の状況を記録 ・苦情の内容、事故の状況や処置について記録
施設サービス計画(ケアプラン)と個別援助計画の整合	ケアプランと、他の職員が作成する個別援助計画(栄養ケア計画、個別機能訓練計画等)の整合性を保つ

🗣 声 に出して覚えよう

施設介護支援のモニタリングは、**定期的**!
期間についての**規定はない**!!

モニタリングは、居宅介護支援、介護予防支援、
施設介護支援で、頻度が異なるのね!

●課題分析標準項目（23項目）の主なもの

- ・利用者の被保険者情報（生活保護受給の有無を含む）
- ・認定情報（要介護状態区分、介護認定審査会の意見等）
- ・課題分析（アセスメント）理由
- ・障害老人の日常生活自立度
- ・認知症である老人の日常生活自立度
- ・健康状態
- ・ＡＤＬ、ＩＡＤＬ
- ・認知（認知能力の程度）
- ・コミュニケーション能力
- ・口腔衛生
- ・介護力　等

（平成11年11月12日老企第29号厚生省老人保健福祉局企画課長通知）

居宅介護支援と施設介護支援は、「課題分析標準項目」をふまえたアセスメントが求められておる！　アセスメント表の書式は、事業所・施設独自のものでよいぞ!!

［参考］介護予防支援等の場合

介護予防支援のアセスメント	介護予防ケアマネジメントの基本チェックリスト
運動および移動、家庭生活を含む日常生活、社会参加ならびに対人関係およびコミュニケーション、健康管理という4つの領域ごとに把握	「預貯金の出し入れをしていますか」「15分位続けて歩いていますか」「口の渇きが気になりますか」などの質問項目（25項目）

デルモン仙人の　特選チェック

1　介護老人福祉施設の計画担当介護支援専門員は、ケアプラン（施設サービス計画）および個別援助計画書のいずれも作成する。

2　アセスメントは、項目の順番に従って、すべて質問する。

3　課題分析は、他に委託することができない。

（答え）**1**　×：個別援助計画書は、他の専門職員が作成。
2　×：利用者の状態に合わせて、質問する項目の順番を変えたり、不要な項目は質問しないなど柔軟に対応。　**3**　○

デルモン仙人の **特別レクチャー**

まとめて覚えよう！

介護保険制度は「ペアになっている内容」に気をつけて覚えるんじゃ‼

●ペアで覚えること

☐ 「保険者（市町村）」の事務と「都道府県」の事務（18・19ページ）

☐ 「医療保険者」の事務と「年金保険者」の事務（21ページ）

☐ 「第1号被保険者」と「第2号被保険者」（22ページ）

☐ 被保険者資格の「取得」と「喪失」（25ページ）

☐ 財政安定化基金における「交付」と「貸与」（31ページ）

☐ 「一次判定」と「二次判定」（34・36ページ）

☐ 「介護給付」と「予防給付」（40ページ）

☐ 「現物給付」と「償還払い」（47ページ）

☐ 地域支援事業の「必須事業」と「任意事業」（60ページ）

☐ 「市町村介護保険事業計画」と「都道府県介護保険事業支援計画」（65ページ）

●原則と例外をセットで覚えること

☐ 原則「強制加入（強制適用）」、例外として「適用除外施設」（22・24ページ）

☐ 原則「住所地主義」、例外として「住所地特例対象施設」（26ページ）

☐ 事業者は原則「指定取得」、例外として「みなし指定」（53・55ページ）

介護認定審査会（36ページ）、介護給付費等審査委員会（67ページ）、介護保険審査会（68ページ）も間違えないように覚える♪

保健医療サービス
の知識等

出題のポイント！

　介護の原因となっている老化や病気・障害など医学の知識、および介護そのものの知識などが出題されます。老化に起因する特定疾病については、しっかりおさえましょう。職場で学んできたことや、実務経験とも結びつけながら、覚えていきたいですね。また、介護保険制度下の医療系サービスの指定基準について、介護支援分野で学んだ全サービスに共通する基準とともに、各サービスの事業者、従事者、サービス内容、介護報酬とその加算などについて整理しましょう。

1 🐦 高齢者の心身機能の特徴

老年症候群

　高齢者に多くみられ、高齢期の生活機能や生活の質（QOL）を低下させる症状・病態

●老年症候群として扱われる主な病態

・失神	・抑うつ	・不眠	・低栄養	・脱水
・便秘	・めまい	・転倒	・骨折	・難聴
・耳鳴	・視力障害	・尿失禁	・排尿障害	
・認知機能障害（認知症）		・せん妄	・フレイル（虚弱）	
・サルコペニア（加齢性筋肉減少症）			・骨粗鬆症	
・褥瘡	・廃用症候群	・嚥下障害、誤嚥		

高齢に伴う筋力低下・筋萎縮と定義される！

以下の5項目のうち3項目以上があればフレイルと定義される：
①体重減少、②歩行速度低下、③筋力低下、④疲労感、⑤身体活動レベルの低下

長期の安静臥床を控えて老年症候群の予防♪

サルコペニアは、運動器全体の機能低下をきたすこともあるぞ!!
「指輪っかテスト」でも、簡便な評価ができるぞ!!

デルモン仙人の 特選チェック

1　「指輪っかテスト」は、サルコペニアの簡便な評価法である。

2　加齢により、最近の出来事に対する記憶が低下していくことが多い。

3　高齢者では、身体的な衰えや機能障害、慢性疾患の罹患、家族との死別などにより抑うつが高頻度にみられる。

（答え）　**1** ○　**2** ○　**3** ○

脱水

難しい言葉が多いですね……。

身体の中で水分が不足している状態

失われる水分	・発汗、尿 ・不感蒸泄（呼吸や皮膚からの蒸発）
必要な水分	1日に1000ml以上（目安）
背景	・体内水分貯蔵量：高齢者　＜　若年者 ・高齢者は口渇（口の渇き）を感じにくい
脱水の原因	下痢、発熱、高血糖、利尿剤、消化管出血等
脱水の症状	口渇、めまい・ふらつき、頭痛、全身倦怠感、 尿量減少、体重減少、低血圧、頻脈　等
対応	・バイタルサインの確認 　（体温・脈拍・血圧・意識レベル・呼吸） ・血液検査、尿検査、補液、入院
予防法	こまめな水分補給、室内の温度調整　等

脱水の原因はいろいろある！
しっかり頭にインプットするのじゃぞ!!

ゴロ で覚えよう

失われる水分は、

発汗　　しても　　拭かん　　と　　臭う！
(発汗)　　　　　　　(不感蒸泄)　　　　　(尿)

デルモン仙人の **特選チェック**

1 高齢者では、若年者に比べて体内水分貯蔵量が少なく、口渇も感じにくいため、脱水のリスクが高い。

2 手の甲の皮膚をつまみ上げて離したとき、すぐには戻らない場合は、脱水を疑う。

（答え）**1** ○　**2** ○

廃用症候群（生活不活発病）

　日常生活の活動性の低下に伴って生じる身体的、精神的機能の全般的低下

主な病態	予防法
筋萎縮	リハビリテーション
関節拘縮	関節可動域訓練
起立性低血圧	立位訓練 等
褥瘡 （じょくそう）	体位変換、皮膚の清潔保持 等

※その他の主な病態には、心肺機能低下や認知機能障害（認知症）、尿失禁、便秘等がある

> 急に立ち上がったときにめまいやふらつき（立ちくらみ）がみられる！

ゴロ で覚えよう

廃用症候群の病態の覚え方は、

金	貨	切り 捨て	ショック！
（筋萎縮）	（関節拘縮）	（起立性低血圧）	（褥瘡）

> 廃用症候群の予防のためにも"自立支援"は大切ね！

> 災害対応でも重要なエコノミークラス症候群※の予防も、定期的に体を動かし、水分を摂るようにするんじゃ!!

※深部静脈血栓症／肺塞栓症

デルモン仙人の 特選チェック

1 全身性の廃用症候群には、心肺機能低下や起立性低血圧がある。

2 避難所では、体を動かす機会が減り、筋力が低下することによって、生活不活発病となることがある。

（答え）**1** ○　**2** ○

便秘

便の排泄が困難になっている消化器の状態

高齢者によくみられるのは、慢性の"機能性便秘"♪

慢性便秘と その原因	・機能性便秘 ➡ 腸の蠕動運動の低下、 腹筋の低下、薬の副作用 等
	・器質性便秘 ➡ 大腸がん 等
予防法	適度な運動、水分や食物繊維の摂取、 腹部・腰部のマッサージ 等
留意点	緩下剤による便秘の調整失敗 ➡下痢や便失禁を起こしやすい

"機能性""器質性"など、ペアになる
用語は、試験ではひっくり返して出題
されることがある。要チェックじゃ!!

🎬ストーリーで覚えよう

慢性便秘とその原因の覚え方は、

昨日は **全部** **拭いた**から、
（機能性）（蠕動運動、腹筋の低下）

今日は **だいたいで** **いいよ！**
（器質性） （大腸がん）

 デルモン仙人の **特選チェック**

1 器質性便秘とは、腸の蠕動運動の低下による腸内容物の貯留である。

2 麻薬によるがんの疼痛管理をしている場合には、腸の蠕動運動が抑制されるため、便秘になりやすい。

答え **1** ×：設問は、機能性便秘の説明。 **2** ○

低栄養※

必要量のたんぱく質やエネルギーが摂れていないときに起こる身体の状態（血清アルブミン値3.5g／dL以下）

高齢者と低栄養	・消化吸収能力の低下により起こりやすい	
	・浮腫や腹水、貧血が生じやすく、免疫能の低下、感染が起こりやすい	
主な原因と予防法	・咀嚼力の低下 ・唾液分泌量の低下 ➡	・食事内容の検討 ・口腔ケア
	・胃潰瘍などの病気 ➡	医療機関の受診
	・食事準備が困難 ➡	訪問介護や配食サービスの活用
留意点	・血清アルブミンの値等も参考に、多職種が協働して栄養状態の改善を図る	

※低栄養については139ページも参照

摂食・嚥下障害が、低栄養を引き起こすリスクを高める！

●声 に出して覚えよう

低栄養には、たんぱく！　エネルギー！　補給！

デルモン仙人の　特選チェック

1. 高齢者の低栄養は、ビタミンの摂取不足が主な原因である。
2. 浮腫や腹水がみられる場合には、低栄養も疑われる。
3. 低栄養状態は、フレイルや要介護状態の要因の一つである。
4. 高齢者の低栄養状態を改善するには、水分を多く摂取することが重要である。

（答え）1 ×：さまざまな原因により、たんぱく質やエネルギーが摂取できないため。
2 ○　3 ○　4 ×：たんぱく質やエネルギーを摂取。

2 在宅での医療管理

●在宅自己注射※

主に糖尿病患者のインスリン注射時に行う！

いつ行うか	方法	注意点
食事療法・薬物療法で血糖をコントロールできない際	医師から指示された量を指示された時間に注射	清潔操作×➡敗血症のリスク インスリン多➡低血糖 （症状は冷や汗、動悸、ふるえなど） インスリン少➡高血糖

※インスリンの自己注射の効果は、体調不良時（シックデイ）には強く出ることもある

ともに昏睡など意識障害を起こすので注意！

規則性 で覚えよう

在宅自己注射のインスリンは、
多い と 低血糖 、 少ない と 高血糖 ！

●人工透析

腎不全などで腎臓で尿の生成ができなくなった場合に、機械で人工的に行う方法

シャント側の腕での血圧測定は避ける！

	血液透析（HD）	医療機関に通って行う（週2～3回）
人工透析	腹膜透析（PD）	在宅自己腹膜灌流法（CAPD）により在宅で利用者・家族が行う（基本的に1日4～5回）

感染に注意♪

月1～2回の通院でよい！

 デルモン仙人の **特選チェック**

1 在宅自己腹膜灌流法（CAPD）をしている場合には、週1回以上は医療機関を訪問する必要がある。

（答え）**1** ×：月1～2回の通院でよい。

●在宅酸素療法（HOT）

COPDの一つである肺気腫の患者が多い！

内容	在宅時	酸素供給器を用いて酸素を吸入
	外出時	電力を使わない携帯用酸素ボンベなどを利用
対象者		・自発呼吸できる人 ・高度慢性呼吸不全、慢性閉塞性肺疾患（COPD）、肺高血圧症等のため動脈血内の酸素量が少ない患者
管理		・高濃度の酸素を扱うため火気厳禁 ・吸入器具は最低週1回交換

電磁調理器は使用可能！

禁煙♪　火気から2m以上離れること♪

●酸素供給器

種類	留意点等
酸素用高圧ガスボンベ	・転倒しないよう固定 ・引火性・発火性があるものはそばに置かない。温度が40℃以上になる場所に置かない
酸素濃縮器	・①膜型酸素濃縮器：約40％の酸素、②吸着型酸素濃縮器：高濃度の酸素（75〜95％） ・停電に備えて他の供給器も常備しておく
液体酸素	・設置型・携帯型の2種 ・携帯型の充填時は事故に注意

医学管理を受けながら、旅行などの外出、入浴は可能ね！

酸素濃縮器は、電力で動いておる！
酸素流量（吸入量）は医師の指示に沿うんじゃ!!

●在宅中心静脈栄養法

経口あるいは経腸摂取ができない患者に医療処置として栄養を補う方法!

　鎖骨付近から上大静脈（中心静脈）に向けてカテーテル（医療用の管）を挿入し、点滴と同じ方法で、水分、電解質、糖質、たんぱく質、脂質、ビタミンなどを含む高カロリー輸液を投与

保健医療サービスの知識等

管理の ポイント	高カロリー輸液（点滴栄養剤）バッグやルート	➡ 毎日交換
	ポート針	➡ 週1～2回交換
	カテーテル挿入部位	➡ 発赤・腫脹の有無の確認
	滴下状態	➡ 適切な滴下を確認
	器具の操作	➡ 清潔な操作

経管栄養法と比べて感染など合併症のリスクが高い!

嚥下障害や意識障害等で経口摂取できない（あるいは困難な）患者に行う!

●経管栄養法

名称	方法
経鼻胃管（けいび）	鼻から胃まで届くカテーテルを挿入し、人肌程度に温めた流動食を注入
胃ろう	腹部に穴を開けて胃にカテーテルを通し、流動食を注入。バルーン型とバンパー型がある

中心静脈栄養法や経管栄養法をしていても経口摂取や入浴※は可能♪

カテーテルは定期的に交換!

※在宅中心静脈栄養法の利用者には、
　特別な配慮が必要

胃食道逆流を防ぐため、座位または半座位で実施!
腹部膨満感や下痢も伴いやすいので、注入速度に注意!!　カテーテルが抜けたら医師に報告じゃ!!

● 人工呼吸療法

呼吸の補助を行い、酸素の取り込みと二酸化炭素の排出を促す

対象者	筋萎縮性側索硬化症（ALS）などの神経難病、長期の意識障害、重度の脳梗塞の患者　等
器具	人工呼吸器、吸引装置
方法	①侵襲的陽圧換気法：気管切開[※1]をしてカニューレ挿入を行う、②非侵襲的陽圧換気法：気管切開をせず口や鼻からマスク等により行う
留意点	・アラームは、解除したり音量を小さくしたりしない ・バッテリー内蔵の吸引器などで停電に備える ・家族がアンビューバッグ[※2]の使い方を習得する

※1：気管切開をしている場合でも、スピーチカニューレの使用により発声が可能
※2：他動的に空気（酸素）を送り込むための器具

 気管切開やカニューレ挿入を行わない方法もあるのね！

● 喀痰吸引

痰や垂れ込んだ唾液などを吸引器で除去し、肺炎や窒息等を予防する

介護保険の対象にはならない！

対象者	嚥下機能の低下により自力で痰の喀出が困難な場合、気管切開や人工呼吸器を装着している場合　等
器具	吸引器
方法	口腔内吸引、鼻腔内吸引、気管吸引
留意点	・カテーテルを介した感染の危険性があるので、口腔・鼻腔用と気管内のカテーテルは別にする ・療養者の退院にあたっては、その家族は日常的に吸引の操作を行えるように、トレーニングを受けることが望ましい

介護職員は、喀痰吸引等研修を修了し、都道府県知事から認定証の交付を受けた場合に、痰の吸引等を行うことができるんじゃ!!

● 悪性腫瘍疼痛管理

対象者	がん患者
目的	普段の生活で、ほとんど痛みを感じない程度の疼痛 管理（ペインコントロール）を図る
方法	・飲み薬（経口）、貼り薬（経皮）、座薬（経腸）、 舌下錠、バッカル錠[※]、注射薬。自動注入ポンプ により注射薬を持続的に投与する方法もある ・軽度の痛みは非オピオイド性鎮痛薬 ・効果が十分でなければオピオイド性鎮痛薬（モル ヒネなど）を使用
留意点	モルヒネなど医療用麻薬の副作用である便秘には緩 下剤、嘔気や嘔吐には制吐剤を使用

※頬と歯茎の間に挟み、唾液でゆっくりと溶かして口腔粘膜から吸収させる薬

麻薬は口渇の原因にも！

処方する医師等に麻薬
施用者免許が必要！

適切な薬物療法などにより、
在宅でも疼痛緩和は可能！
痛みを我慢させないのじゃ!!

トラブル発生時の対
応方法をあらかじめ
関係者間で共有！

デルモン仙人の　特選チェック

1 在宅酸素療法で用いる酸素供給器は、旅行先で利用できる場合
もある。

2 中心静脈栄養法は、経腸栄養法に比べて感染などの合併症が少
ない。

3 人工呼吸器等電源を必要とする医療機器使用者の停電時の対応
については、平時より主治の医師等と話し合い、対応を決めて
おく。

4 がんの疼痛管理では、麻薬は習慣性があり、幻覚等の症状もき
たすため、可能な限り痛みは我慢してもらう。

（答え） **1** ○　**2** ×：感染などの危険性は高い。　**3** ○
　　　4 ×：ほとんど痛みを感じない程度の疼痛管理を図る。

3 バイタルサイン

バイタルサインとは

　生命の維持にかかわる最も基本的な情報。主に体温、脈拍、血圧、意識レベル、呼吸の５つをいう

●体温※

症状	考えられる原因
高体温：37℃以上	感染症、悪性腫瘍、脱水　等
低体温：34℃以下	低栄養、甲状腺機能低下症　等

※水銀体温計や電子体温計、耳式体温計（鼓膜付近から出る赤外線を検出）で測定

> 正常な高齢者では60〜80／分！

> 環境要因や薬剤による体温調節機能不全でも！

●脈拍

症状	考えられる原因
頻脈：100以上／分	感染症、うっ血性心不全、脱水　等
徐脈：60未満／分	薬剤の副作用、甲状腺機能低下症　等
不整脈：脈拍の乱れ	心房細動　等

●血圧※1

症状	考えられる原因
高血圧症：収縮期血圧が140mmHg以上または拡張期血圧が90mmHg以上	遺伝的な素因、塩分の摂りすぎや加齢※2などの要因

※1：上腕での測定が難しい場合は、下肢で測定してもよい
※2：加齢とともに血管の弾力が失われるため、収縮期血圧が高くなる傾向がある

ゴロで覚えよう

高血圧症の覚え方は、
就　　　　学児の　意欲は十分！
（収縮期）（拡張期）　（140）（90）

やるぞー！

●意識レベル

強 ↑ 意 識 ↓ 弱	清明	正常
	傾眠	刺激がないと眠ってしまう
	昏迷	強い刺激でかろうじて開眼する
	半昏睡	時々体動が見られるのみ
	昏睡	自発的な運動がなく、痛覚刺激にも反応なし

●呼吸

> 正常な高齢者で15～20回／分！

症状	考えられる原因
頻呼吸：呼吸が25回以上／分で1回の換気量が減る状態	発熱や心不全、呼吸器疾患等
徐呼吸：呼吸が9回以下／分	糖尿病性ケトアシドーシス[※]や脳卒中等による昏睡

※インスリンの不足により、高血糖に加え、脱水、意識障害、昏睡やショックなどの症状を合併するもの

> 異常値を示したら医療職に報告♪

声に出して覚えよう

バイタルサインは、　体　、　脈　、　血　、　意　、　呼　！
　　　　　　　　　（体温）（脈拍）（血圧）（意識レベル）（呼吸）

デルモン仙人の　特選チェック

1　低体温は、環境要因に加えて、低栄養や甲状腺機能低下症、薬剤による体温調節機能不全で起きる。

2　脱水では、徐脈がみられる。

3　大動脈疾患や進行した動脈硬化の場合は、左右の上肢で血圧に差がみられることがあるため、血圧測定は、左右両方の腕で行う。

（答え）　1 ○　2 ×：頻脈がみられる。　3 ○

4 検査値とその意味

検査各論

●体格

体重は定期的な測定が望まれるわね！

	状態	考えられる疾患等
身長	短縮	脊椎圧迫骨折、骨粗鬆症　等[1]
体重	減少（急激な）	悪性腫瘍、糖尿病悪化、脱水症、低栄養　等
	増加	肥満症[2]、浮腫性疾患（心不全、ネフローゼ症候群[3]、肝硬変）　等

※1：他に、膝などの関節が十分に伸びなくなる場合
※2：BMIが25.0以上で肥満とされる
※3：腎臓疾患の一種

BMI（体重kg／〔身長m〕^{2}）が本来の値より大きめになる！

寝たきりなどで体重測定が難しい場合は上腕や下腿の周囲長で低栄養判定ができる！　検査値は、高齢者の健康状態や病気の客観的な評価に有効じゃ!!

●総たんぱく・アルブミン

	状態	考えられる疾患等
（血清）総たんぱく	低い（低たんぱく血症）	低栄養、ネフローゼ症候群、悪性腫瘍、糖尿病、悪性貧血、肝硬変　等
	高い（高たんぱく血症）	脱水、感染症、多発性骨髄腫　等
（血清）アルブミン	低い	低栄養、浮腫　等

高齢者の長期にわたる栄養状態をみるための最もよい指標！

●血糖、ヘモグロビンA1c（HbA1c）

血糖値	・耐糖能低下：空腹時血糖が110mg/dL以上、食後血糖が140mg/dL以上
	・糖尿病：空腹時血糖が126mg/dL以上、食後血糖が200mg/dL以上
HbA1c	・糖がヘモグロビンと結合している割合を示す
	・過去1～2か月の平均的な血糖レベルを反映

 血糖値とHbA1cの両方を測定することで、そのときの血糖レベルと長期間の血糖レベルを評価できるのじゃ！！

●肝機能

検査項目		加齢に伴う変化	異常値（上昇・増加）のときに考えられる疾患
肝機能	AST（GOT）	変化しない	慢性肝炎、肝硬変、肝がん、心筋梗塞　等
	ALT（GPT）	変化しない	肝炎、肝硬変、肝がん、心不全、筋疾患　等
	γ-GTP	40～50歳くらいまでは上昇、その後徐々に低下	脂肪肝、アルコール性肝炎　等

●腎機能

検査項目		異常値（上昇・増加）のときに考えられる疾患
腎機能	クレアチニン（Cr）	腎機能障害
	尿素窒素（BUN）	腎機能障害、消化管出血、脱水　等

 Crは腎臓だけから排泄されるので、腎機能の指標として有効なのね！

BUNとCrの比率（BUN/Cr比）は、脱水の診断指標として重要！

◉電解質

検査項目		加齢に伴う変化
Na	ナトリウム	上昇傾向
K	カリウム	増加傾向
Cl	クロール	変化なし

検査項目は、加齢に伴う変化や上昇・低下したときに考えられる疾患をしっかり把握するのじゃぞ!!

◉CRP（C反応性たんぱく質）

CRPは炎症の程度を反映！

検査項目	異常値（上昇・増加）のときに考えられる疾患
CRP	感染症、膠原病、悪性腫瘍

◉血算

加齢に伴い低下！

検査項目		異常値のときに考えられる疾患	
赤血球数	Hb（ヘモグロビン）濃度	低下	貧血
	RBC（赤血球）数	上昇	脱水 血液疾患
	Ht（ヘマトクリット）値※		
白血球（WBC）数		低下	ウイルス感染症、再生不良性貧血
		上昇	細菌感染症、炎症、悪性腫瘍、白血病
血小板数		低下	肝硬変、血液疾患
		上昇	炎症

※血液中の赤血球の容積の割合

出血しやすくなる！

高齢者は赤血球数が減るので貧血になりやすいのね！

●心電図・胸部Ｘ線検査・検尿

心電図	・心疾患、呼吸器疾患の診断に不可欠
	・24時間心電図（ホルター心電図）は、通常の生活をしながら不整脈や狭心症の検査が可能
胸部Ｘ線検査	・呼吸器疾患（慢性閉塞性肺疾患（COPD）、結核、肺炎、肺がん等）を診断 ・心疾患（うっ血性心不全等）の診断にも使用される
検尿	・糖尿病や腎臓病のスクリーニング検査のほか、高齢者では尿路感染症の診断としても重要

糖尿病を患っていたり尿道カテーテルが留置されている場合、高熱が出たときは、肺炎のような気道感染だけでなく、尿路感染症も疑って尿検査をすることも必要じゃ!!

他に、認知症には頭部CTやMRI、骨折にもＸ線（レントゲン）検査が有効ね！

 デルモン仙人の 特選チェック

1 体重増加は、心不全やネフローゼ症候群などによる浮腫の場合にもみられる。

2 ヘモグロビンＡ1ｃは、採血時の血糖レベルを評価するのに適している。

3 CRP（Ｃ反応性たんぱく質）は、感染症などによる炎症の程度を示し、感染症で高値になることが多い。

4 24時間心電図（ホルター心電図）検査は、医療者による継続的な観察が必要なため、入院して実施しなければならない。

（答え） **1** ○ **2** ×：過去１〜２か月の平均的な血糖レベルを反映。
3 ○ **4** ×：通常の生活をしながら検査可能。

5 高齢者に多い疾病

感覚器の病気

疾患名	症状
白内障	水晶体の白濁・混濁による視力低下
緑内障	眼圧上昇による視野狭窄
老人性難聴	感音性難聴（高音域から聞こえにくくなる）
メニエール病	めまい、耳鳴り、難聴
加齢黄斑変性症	進行による中心暗点、視力の低下（視力が失われるおそれがある）

高齢者の重篤な視力障害の原因の1つ！

急性緑内障発作では、頭痛や嘔吐！

高齢者の疾患の特徴※として、症状はしばしば非定型的♪

※他に、慢性の疾患が多い、一人で多くの疾患を併せもっている、日常の生活機能に障害を引き起こすものが多いなど

病気とその特徴を表す言葉を結びつけて覚えるのじゃ!!

声に出して覚えよう

緑内障は眼圧上昇！　老人性難聴は感音性!!

デルモン仙人の 特選チェック

1 疾患と症状の組み合わせとして、以下は適切か。
　　緑内障 ——— 眼圧低下
2 高齢者の難聴では、伝音性難聴が多い。
3 加齢黄斑変性症では、進行しても視力が低下することはない。

（答え）**1** ×：緑内障の症状は、眼圧上昇。
　　　2 ×：感音性難聴が多い。　**3** ×：視力が低下する。

循環器の病気

心筋梗塞	・冠動脈の閉塞による心筋の壊死 ・症状は激しい前胸部痛、しめつけ感、呼吸困難、左肩から頸部の鈍痛（放散痛）、意識障害 等 ・発症後短時間であれば、閉塞した冠動脈の再疎通療法が適応となる場合がある
狭心症	・冠動脈狭窄による心筋に必要な酸素供給不足 ・労作性狭心症：運動時の心拍数の増加で起こる ・異型狭心症：冠動脈の攣縮で起こる ● ・症状は、前胸部の圧迫感 ・発作時にはニトログリセリン製剤の舌下投与
高血圧症	・大半が直接の原因がはっきりしない本態性高血圧症 ・脳卒中や心筋梗塞などの原因となる
心不全	・心臓のポンプ機能の低下により、臓器が必要とする血液を十分に送り出せない状態 ・症状は、呼吸困難、食欲低下、浮腫 等 ・呼吸困難時は、起座位または半座位により軽減可能
不整脈	・加齢とともに頻度が多くなるのが心房細動[※1]。心内血栓が生じて、脳梗塞が起こりやすい ・心臓自体の異常のほか、ストレスや喫煙[※2]、睡眠不足、飲酒などで起こることもある
閉塞性動脈硬化症（ASO）	・自覚症状は、間欠性跛行[※3] ・進行すると、四肢末端部の壊死

※1：心房の正常な収縮と拡張ができなくなる
※2：喫煙は、脂質異常症や高血圧症とともに心疾患のリスクを高める
※3：しばらく歩くと足に痛み（下肢痛）やしびれが生じ、立ち止まって休むと痛みが軽減し、また歩けるようになる

特定疾病！

安静時でも発生！

脳神経の病気

脳卒中は発症のしくみでいくつかに分かれる。脳出血、脳血栓は、脳の動脈硬化によって生じるのじゃ!!

●脳卒中（脳血管障害）

疾患名		発症のしくみ	症状	治療
血管が詰まる（脳梗塞）	脳血栓	脳内の動脈などに血栓（血管の中の血のかたまり）ができる	・頭蓋内圧亢進症状※1（血圧低下時、安静時に数時間以上かけて起こる） ・脳の障害された部位に応じた症状※2	血栓溶解療法
	脳塞栓	心臓につくられた血栓が脳に飛ぶ	・頭蓋内圧亢進症状※1（数分以内に起こる） ・脳の障害された部位に応じた症状※2	血栓溶解療法
血管が破れる	脳出血	血腫（出血のかたまり）が脳内にできる	・頭蓋内圧亢進症状※1 ・脳の障害された部位に応じた症状※2	血腫除去手術
	くも膜下出血	脳動脈瘤が破裂して脳表面とくも膜の間に血液が広がる	・頭蓋内圧亢進症状※1 ・突発性の激しい頭痛	動脈瘤手術

※1：頭痛、意識障害、嘔吐など
※2：運動麻痺（片麻痺）や感覚障害（局所症状）など

多量の飲酒習慣は、脳卒中のリスクを高める♪

再発すると後遺症が重くなることがあるようね！

●ゴロ で覚えよう

血栓ができるのは、

決戦 **可能だが** **速戦** **即決は** **しんどい！**
（脳血栓）（脳）（脳塞栓）（心臓）

●パーキンソン病

特定疾病！

原　　因	・脳の黒質の神経細胞の変性・消失 ➡神経伝達物質ドパミンが減少
主な症状	・四大運動症状： 安静時振戦（身体のふるえ）：初発症状の60〜70% 筋固縮（筋のこわばり）：歯車現象 無動：仮面様顔貌、動作の緩徐・拙劣 姿勢・歩行障害：上半身の前屈、小刻みな歩調
治　　療	・基本は薬物療法。改善（治療）薬はL-ドパ*、 抗コリン薬、ノルアドレナリン前駆物質　等 ・不随意運動（ジスキネジア）や精神症状の副作用 ・運動療法、音楽療法などの非薬物療法も大切

* ドパミン製剤は、服用を突然中止すると、高熱、意識障害、著しい筋固縮などを呈する悪性症候群を生じるおそれがある

パーキンソン病に似た特定疾病に、早期からよく転び、眼球運動障害や、思考の遅延、無感情などの認知機能低下がみられる、進行性核上性麻痺があるぞ‼

●〜 ゴロ で覚えよう

四大運動症状の覚え方は、

安心 して **金庫** を **無　視** しよう！
（安静時振戦）　　（筋固縮）　　（無動）（姿勢・歩行障害）

 デルモン仙人の **特選チェック**

1️⃣　喘息や心不全による呼吸困難では、起座呼吸で症状が楽になることが多い。

2️⃣　脳血栓は、血圧が低下したときに生じやすい。

3️⃣　パーキンソン病が進行し、自立歩行が困難となった場合には、運動療法は行わない。

（答え）1️⃣ ○　2️⃣ ○

　　　　3️⃣ ×：どの進行度合いでも、運動療法などは有効。

●その他の神経系の病気

発作の間は、衣服の首周りを緩め、誤嚥予防の対応を行う！

てんかん	・高齢者の場合、脳血管障害や頭部外傷の後遺症によるものが多い ・痙攣、意識障害、しびれ、発汗など多様な症状を呈し、再発しやすい
慢性硬膜下血腫	・高齢者は転倒での頭部打撲によることが多い。1〜2か月後の発症もある
	・血腫を手術で除去することで後遺症なく治癒（認知症も発症するが治る）
高次脳機能障害	・脳血管障害、脳外傷など大脳の一部を障害。失語※、失行、失認、見当識障害、半側空間無視等が起きる
筋萎縮性側索硬化症（ALS）	・全身の骨格筋の萎縮が進行し、四肢の筋力低下による運動機能低下（運動障害）、嚥下障害、言語障害　等
	・呼吸麻痺に至ると人工呼吸器導入
	・眼球運動や肛門括約筋、知覚神経、知能や意識は末期まで保持
多系統萎縮症	・起立性低血圧、排尿困難、発汗低下などの自律神経症状
脊髄小脳変性症	・運動失調が主症状。ゆっくりと進行

※話そうとするが言葉が出てこないという症状も含む

特定疾病！

運動能力を維持するリハビリテーションや環境整備が重要！

デルモン仙人の　特選チェック

1 筋萎縮性側索硬化症（ALS）では、眼球運動の機能が低下する。

2 高次脳機能障害の主な症状には、失行や失認が含まれる。

（答え）**1** ×：眼球運動は末期まで保たれる。　**2** ○

呼吸器の病気

疾患名		症状	治療
慢性閉塞性肺疾患（COPD） 特定疾病！	肺気腫	労作時呼吸困難、慢性の咳、痰、喘鳴、呼気延長（ゆっくりしか吐けない）、口すぼめ呼吸※。全身の炎症、骨格筋の機能障害、栄養障害等を伴う	・禁煙指導、感染予防 ・在宅酸素療法 ・気管支拡張薬、吸入ステロイド薬
	慢性気管支炎	痰を伴った咳が長期間毎日続く	
喘息		喘鳴を伴う発作性の呼吸困難	気管支拡張薬、吸入ステロイド薬
肺炎		咳、痰、発熱	抗菌薬、脱水の管理、口腔ケア

※口すぼめ呼吸で息を吐くと、気管支内の
圧力が高くなり、気管支の閉塞を防ぐ

高齢者の誤嚥性肺炎では症状がはっきりしないこともあるので、呼吸数増加や頻脈にも注意！

COPDはインフルエンザなどにかかると呼吸不全を起こす。予防接種も大事じゃ!!
高齢になると肺の残気量が増えるぞ!!

COPDの主な原因は、喫煙なのね！

デルモン仙人の **特選チェック**

1 高齢者の肺活量の低下の一因として、肺の残気量の低下がある。

2 慢性閉塞性肺疾患（COPD）の高齢者の特徴として、栄養障害、口すぼめ呼吸、喘鳴がある。

（答え） **1** ×：残気量は増える。　**2** ○

消化器の病気

●胃潰瘍・十二指腸潰瘍

胃潰瘍	十二指腸潰瘍
高齢者に多い	高齢者に少ない
食後数十分の腹痛	空腹時痛、夜間痛

> 主な原因はヘリコバクター・ピロリ（ピロリ菌）！　非ステロイド性消炎鎮痛剤！

●肝炎・肝硬変

疾患名	原因・症状	留意点
急性肝炎	・肝炎ウイルス（特にA型、E型）、自己免疫疾患、薬剤アレルギー　等 ・全身倦怠感や食欲不振、腹痛　等	急速に進行するものを劇症肝炎といい、肝不全、肝性脳症、黄疸なども出現する
慢性肝炎	・ウイルス性肝炎（B型、C型）、アルコール性肝炎、自己免疫疾患　等 ・自覚症状はみられない	原則として経過観察。肝酵素の上昇がみられる場合は、肝炎を抑える治療が必要
肝硬変	・肝炎が続き肝細胞が壊れて肝臓全体で線維化が起こった状態 ・進行すると肝不全となり、食欲不振、全身倦怠感、黄疸、むくみや腹水、意識障害　等	悪化防止のための内服等により肝不全を予防。肝がんが発症していないか、通院により定期的に観察

🎥ストーリー で覚えよう

十二指腸潰瘍は、
12時 には **空腹** でおなかがすく！
（十二指腸）　　（空腹時痛）

内分泌・代謝の病気

糖質の代謝（エネルギーに変える）には膵臓から出るインスリンが必要。生活習慣病としての糖尿病は2型。食べすぎてインスリンの作用が追いつかないんじゃ!!

●糖尿病

種類	・1型糖尿病 ⇒ インスリンが絶対的に欠乏 ・2型糖尿病 ⇒ インスリン作用が相対的に不足
症状	・口渇、多飲、多尿　等
三大 合併症	・長く患い血糖コントロールがよくないと起きる： 　神経障害 ⇒ 下肢末端の知覚障害　等 　網膜症　⇒ 突然の視力低下　等 　腎症　　⇒ ネフローゼ症候群（高たんぱく尿 　　　　　　　による低たんぱく血症）、貧血、 　　　　　　　動脈硬化性疾患　等
治療	・食事療法、運動療法、薬物療法 ・薬物療法に伴う高齢者の低血糖症状は非特異的(非定型的)で、無症状のまま、意識障害を起こすことがあるので留意

特定疾病！

食事をとらない場合や、インスリン注射をしていない場合でも起こることがある！

🔊声 に出して覚えよう

糖尿病の三大合併症は、**神経障害　網膜症　腎症**！
　　治療は、**食事　運動　薬物療法**！　の三拍子！

デルモン仙人の 特選チェック

1　糖尿病の内服治療をしている高齢者では、インスリン注射をしていなくても、低血糖の症状に留意する必要がある。

答え　**1**　○

筋、骨格の病気

● **関節リウマチ** ── 特定疾病！

特徴	・女性に多い。進行性。原因不明の全身における免疫異常（自己免疫疾患）
症状	・朝の起床時の手（指の関節）のこわばり（1時間以上続く）、全身倦怠感、関節の腫れ（腫脹）・痛み（左右対称に出現）　等 ・進行すると、骨や軟骨が破壊され、関節変形、貧血など全身症状がみられる。日内変動あり

● **骨粗鬆症** ──「骨折を伴う骨粗鬆症」との診断で特定疾病！

特徴	・骨密度が減少し、転倒などにより容易に骨折しやすい状態 ・骨密度は18歳頃をピークに減少するので、若年者でも発症。女性に多い
原因	・女性ホルモン低下（特に閉経後）、カルシウム、ビタミンD摂取不足、運動不足、日光浴不足。ステロイド剤の使用でも生じる

骨折の大きな危険因子！　骨折後に診断されることも！

● **骨折**

種類	・高齢者に多い骨折は、大腿骨頸部骨折、胸腰椎圧迫骨折、橈骨遠位端骨折、肋骨骨折　等
特徴	・大腿骨頸部骨折は、寝たきりの原因となりやすい ・転倒による受傷が多い
予防法	・骨粗鬆症の発見・治療、転倒リスク軽減、大腿骨頸部への衝撃緩和にヒッププロテクター装着　等

転倒により下肢の骨折が疑われた場合、下肢は動かさない！

●変形性膝関節症

「両側の膝関節または股関節に著しい変形を伴う変形性関節症」との診断で特定疾病！

症状	・痛み、こわばり、歩行障害　等
治療・リハビリ	・減量や大腿四頭筋等の膝周囲筋の強化などリハビリテーションが有効（発症リスクも低下）。必要に応じて人工関節置換術を検討

●脊柱管狭窄症

特定疾病！

症状	・腰痛、下肢痛、しびれ。間欠性跛行が特徴的
治療・リハビリ	・手術による神経除圧と脊椎固定
	・体幹の筋力訓練、姿勢訓練等の理学療法
	・鎮痛薬、プロスタグランジン製剤等の薬物療法

筋肉で骨や関節を包んで守るのね！

脊柱管が細くなる特定疾病に、頸部や上肢に痛みやしびれが出る、後縦靱帯骨化症がある。首を強く後ろに反らすと症状が悪化するおそれがある病気じゃ!!

デルモン仙人の　特選チェック

1 高齢者に多い変形性膝関節症は、痛みや歩行障害をきたし、リハビリテーションが必要になるが、人工関節置換術の適応とはならない。

2 骨粗鬆症の予防には、運動は効果がない。

3 大腿骨頸部骨折の予防には、ヒッププロテクターも効果がある。

4 高齢者に多い変形性膝関節症は、痛みや歩行障害をきたし、リハビリテーションが必要になるが、人工関節置換術の適応とはならない。

（答え）**1** ○　**2** ×：運動には、骨を強く保つ効果がある。
3 ○　**4** ×：人工関節置換術を適応することがある。

泌尿器の病気

◉尿失禁

自分で排尿の意識がないのに尿が出てしまうこと

種類	原因・対応等	傾向
腹圧性**尿失禁**	くしゃみや咳、重いものを持ち上げたりしたときの尿漏れ ➡骨盤底筋訓練が有効	尿道が短い女性に多い
切迫性**尿失禁**	過活動膀胱とも呼ばれ、強い尿意とともに尿を我慢できなくなる ➡薬物療法により治療可能、膀胱訓練も有効	脳血管障害などで起きる
溢流性**尿失禁**	・絶えず少量の失禁が続く ・尿閉状態に気づかない ➡前立腺肥大症など原因を治療	高齢の男性に多い
機能性**尿失禁**	手足の麻痺のため移動に時間がかかる、下着の着脱に手間取るなど、排泄行動が適切にできない ➡排泄に関する一連の日常生活動作の問題点を見極め、適切な介護により防げる	―
反射性**尿失禁**	尿が出なかったり、反射的に尿が出てしまう	脊髄損傷などで起きる

> 便失禁も介護で対応可能♪

ゴロ で覚えよう

尿失禁の種類の覚え方は、

腹　　　切り　　ー　　気に　　晩じゃ！
（腹圧）　（切迫）　（溢流）　（機能）　（反射）

皮膚の病気

一定期間の個室管理が必要！（感染力が非常に強く、集団感染の危険性があるため）

種類	原因	症状等	治療
疥癬 ①疥癬 ②ノルウェー疥癬（角化型疥癬）	ヒゼンダニが皮膚表面の角層に寄生して起こる	激しいかゆみのある発疹（手や手首に疥癬トンネル）	内服薬や軟膏で治療
白癬 （足にできる白癬は「水虫」）	白癬菌（カビの一種）が皮膚に感染することによって起こる	・糖尿病患者は注意が必要 ・白癬菌は高温多湿の環境を好む	・塗り薬による治療 　爪白癬は主として内服投与
薬疹 （体内に投与された薬剤へのアレルギーによる発疹）	薬剤服用後1〜2週間後に起こることが多い	全身性の発疹 どんな薬剤でも可能性あり！	原因薬剤の速やかな中止
帯状疱疹	水痘・帯状疱疹ウイルスの再活性化によって起こる	痛みを伴う水ぶくれ（水疱）	早期治療により後遺症※の軽減可能

※帯状疱疹後神経痛など

爪切りやスリッパなどを共用しない！

体の半分（左側か右側）に帯を巻いたようにできる！

 デルモン仙人の **特選チェック**

1 薬疹は、薬の使用開始後1週間を超えた時点から新たに生じることはない。

2 帯状疱疹においては、早期に治療を始めると、一般的に帯状疱疹後神経痛などの後遺症の出現が軽減される。

（答え） **1** ×：1〜2週間後に起こることが多い。　**2** ○

6 急変時の対応

高齢者に起こりやすい急変

● 意識障害
〜ジャパン・コーマ・スケール（JCS）による意識レベルの見方

分類※	状態	桁数
Ⅲ.	刺激しても覚醒しない	3桁　（300・200・100）
Ⅱ.	刺激すると一時的に覚醒	2桁　（30・20・10）
Ⅰ.	刺激しないでも覚醒	1桁　（3・2・1）

※意識レベルを覚醒状態の程度により大きく3段階に分け、さらにそれぞれを3つに細分化し、合計9段階で表したもの。この他、「R（不穏）、I（糞便失禁）、A（自発性喪失）」などの付加情報をつけて、JCS200-I（痛み刺激で顔をしかめる、失禁あり）などと表す

数字が大きいほど、重症ということね！

声 に出して覚えよう

JCSは、数値が大きいほど　意識レベル　が　低い　！

● 誤嚥（窒息）

原因	対応（口腔内の異物除去）	
食事中の誤嚥により上気道が閉塞	腹部突き上げ法（ハイムリック法）	患者の心窩部（みぞおちあたり）を強く圧迫
	背部叩打法	患者の後ろから左右の肩甲骨の中間あたりを力強く何度も連続して叩く

誤嚥による呼吸困難では、「喉に手を当てる」などの窒息のサインやチアノーゼ※などの症状が出現するが、高齢者は急に黙り込み、意識を失うことも多い。直ちに、異物の有無を確認し、異物除去じゃ!!

※血液中の酸素欠乏により、顔面や口唇などが青紫色になった状態

状況によっては、咳をしてもらう、吸引するなども効果的ね！

●下血

便の色	考えられること
黒い便（タール便）	胃潰瘍など上部消化管出血
赤い便	大腸がんなど下部消化管出血

📽ストーリー で覚えよう

下血時の便の色から考えられること
真っ赤な夕日が　　　地平線の下に沈むと、
　（赤い便）　　　　　　　　　　　（下部消化管）

上には　　　暗黒の夜空！
（上部消化管）（黒い便）

●嘔吐

原因	腹部疾患（胃・十二指腸潰瘍）、脳神経疾患（脳卒中、脳腫瘍）、感染症　等
対応	喉が詰まらないように側臥位（身体を横向き）にして、口の中に残った吐物を除去し、吐物の誤嚥を防ぐ

●その他

> 出血部位は心臓より高く♪

出血	激しく出血している場合は、出血部位よりも心臓から近い部位を圧迫して止血
やけど	衣服の下をやけどしている場合は、衣服を脱がさずその上から流水を当てる

 急変時に予想される事態への対応、緊急受診先等をあらかじめ主治医や家族と共有するのじゃ!!

高齢者は急変時の痛みや呼吸困難などの訴えがないことも多いと心得ておかないとね！

心肺蘇生

●心肺蘇生のABC

欧文・頭文字	内容
A：Airway	気道確保
B：Breathing	人工呼吸
C：Circulation	体外心マッサージ（胸骨圧迫）

> 仰臥位で1分間に100〜120回！

●心停止

心臓のポンプ機能が停止した状態

経過時間	状況
30〜60秒	瞳孔が散大
3分以上	脳に不可逆的な障害

心停止とわかったら、心肺蘇生のABCとAED（自動体外式除細動器）を組み合わせて救命（一次救命処置※）じゃ‼

※その場に居合わせた人が、救急隊員や医師に引き継ぐまでの間に行う応急手当

高齢者は、入浴前後で血圧が変動しやすいから、浴室と脱衣所の温度差を少なくするなどヒートショックにも気をつけないとね！

 デルモン仙人の 特選チェック

1 意識状態の評価において、呼びかけにより覚醒するのであれば、意識障害はないと判断する。

2 消化管出血の場合は、赤色の血便となるので、黒色便の場合は消化管出血以外の原因を考える。

(答え) 1 ×：JCSの分類Ⅱに相当する。
2 ×：黒い便は、上部消化管出血を考える。

7 感染症の予防

高齢者によくみられる感染症の種類と特徴

> 高齢者で最も多い感染症！

	呼吸器感染症	尿路感染症	褥瘡感染症
種類	肺炎（誤嚥性肺炎を含む）、気管支炎　等	膀胱炎、腎盂腎炎	床ずれの起きた部分から細菌が侵入
症状	喀痰、呼吸困難、頻脈　等	発熱、頻尿、尿閉	仙骨部・大転子部・踵部は特に重篤化

 症状の悪化

> 食欲低下、意識障害、不穏なども！

敗血症

- 血液中に細菌が侵入し（菌血症）、活発に増殖
- 高熱、悪寒、ショック※、意識障害等の激しい症状
- 高齢者は尿路感染症由来が約３割

※血圧低下による重要臓器の末梢循環が著しく障害された状態

 膀胱留置カテーテルの蓄尿バッグは、膀胱より低い位置に置くなど注意が必要ね！

デルモン仙人の 特選チェック

1 高齢者の肺炎は、再発・再燃を繰り返して難治化することがある。

2 血圧低下による重要臓器の末梢循環が著しく障害された状態をショックという。

3 膀胱留置カテーテルの使用時は、蓄尿バッグを膀胱と同じ高さに固定する。

（答え） **1** ○　**2** ○　**3** ×：膀胱より低い位置に置く。

起こりやすい感染症の予防と看護・介護

●標準予防策（スタンダード・プリコーション）

感染症の有無にかかわらず、すべての人に実施する感染対策

考え方	・すべての人の血液、体液、分泌物、排泄物、創傷のある皮膚、粘膜には感染性があると考えて取り扱う
手指衛生	・流水・石けんでの手洗い、アルコール製剤等による消毒 ・手洗いでは、指先、指の間、親指、手首を洗い忘れないようにする
個人防護具	・手袋、マスク、ガウン・エプロン、ゴーグル ・手袋は最も頻繁に使われる個人防護具 ・手袋をはずした後は必ず手指衛生を行う
咳エチケット	・咳やくしゃみなどの症状がある人は、何らかの病原微生物を拡散させる可能性がある ・利用者、家族、職員、症状のある人は、だれもがマスク着用

感染源の排除、感染経路の遮断、宿主の抵抗力の向上♪

使用後は廃棄！

●肝炎ウイルス

肝がんの原因の約90％！

対応	留意点
ウイルスの抗原や抗体のチェック	血液に触れなければ感染の心配なし

ヘリコバクター・ピロリ（ピロリ菌）による胃がん、ヒトパピローマウイルスによる子宮頸がん、C型肝炎ウイルスによる肝がん（肝細胞がん）など、感染によるがんの発症も明らかになっておる!!

●メチシリン耐性黄色ブドウ球菌（MRSA）

対応	留意点
・処置前後の手洗い、アルコール製剤等による消毒 ・流水・石けんで手洗い励行	・薬剤耐性 ・感染すると治癒しにくい ・病院内で感染時は個室隔離 ・保菌者（発症していない者）へのサービス提供の拒否禁止

接触感染♪

保菌者（発症していない者）は隔離不要！

●疥癬

接触感染♪

対応	留意点
・（入所時は）皮膚のチェック ・治療は一時的に個室 ・内服薬や軟膏で治療	・ヒゼンダニによって起こる皮膚感染症 ・予防衣や手袋の着用と手洗いの徹底

ノルウェー疥癬は100万〜200万匹が寄生！

●結核

利用者の排菌が判明したら、接触者は検診へ！

対応	留意点
・定期的なレントゲン検査 ・専門病院への入院が必要	体力を維持して、抵抗力を保つ

咳が2週間以上続いたら、結核を疑って医師に報告ね！

空気感染♪

社会福祉施設の入所者には、65歳に達する日の属する年度以降、毎年1回の定期結核健診が義務づけられておる‼

保健医療サービスの知識等

●インフルエンザ

飛沫感染♪

対応	留意点
インフルエンザワクチンの定期接種(毎年)が有効	肺炎球菌ワクチンと同月に接種で死亡率低下

特に施設入所者には流行の予防に推奨！

 高齢者は肺炎による死亡も多い！ 2014（平成26）年10月から、肺炎球菌ワクチンも定期予防接種（1回）となっておるぞ!!

●ノロウイルス

感染性胃腸炎を起こす！

対応	留意点
・消毒には、次亜塩素酸ナトリウムが有効 ・アルコール（エタノール）は効果薄 ・流水・石けんで手洗い	・下痢の場合、下痢止めの服用に要注意 ・感染者の便や吐瀉物の処理時には、使い捨てのマスク、エプロン、手袋を装着

ウイルスの排出を抑え、症状が長びくおそれがある！

 下痢などの症状がなくなっても、便からのウイルス排出は続くので気をつけなきゃね！

手袋使用後も手指消毒♪

 デルモン仙人の 特選チェック

1 肺炎球菌ワクチンを接種すれば、すべての肺炎を予防できる。

2 ノロウイルス感染者の便や吐物の処理の際、マスクや手袋の装着は不要だが、処理後にアルコールで手指をよく拭いておく。

(答え) **1** ×：インフルエンザウイルスによるものや、誤嚥性肺炎などがあり、すべての肺炎を予防できるものではない。

2 ×：マスクや手袋を装着。流水・石けんでしっかり手洗い。

認知症高齢者の介護

認知症の特徴・病態

「初老期における認知症」との診断で特定疾病♪

◉認知症※の主な原因疾患

変性疾患	アルツハイマー型認知症、前頭側頭型認知症(ピック病)、レビー小体型認知症
脳血管障害	血管性認知症
外傷性疾患	頭部外傷、慢性硬膜下血腫
腫瘍	脳腫瘍
その他	正常圧水頭症、てんかん 等

いろいろな病気が原因となって発症するのね！

※認知症とは、意識は保たれているが、脳に病変を生じたために、認知機能が持続的に低下し、生活に困難をきたした（独居に手助けを要する）状態をいう

◉アルツハイマー型認知症と血管性認知症

	アルツハイマー型認知症	血管性認知症
原因	βたんぱくの異常蓄積（老人斑）	脳血管障害
発病年齢	70歳以上で好発	50歳以降、加齢とともに増加
性別	女性に多い	男性に多い
人格	人格の変化がある	比較的保たれる
感情	平板化	情動失禁※1
症状	全般的	まだら※2
脳の状態	脳萎縮	MRIで低吸収域の存在

※1：ささいなことで涙を流したり、怒ったりする
※2：記憶障害が重い一方で、判断力は保たれているなど、症状にむらがある

アルツハイマー型認知症の場合、初期症状として近時記憶（数分～数か月）の障害が著しい！

転倒を繰り返す！

◉前頭側頭型認知症（ピック病）とレビー小体型認知症

疾患名	原因	症状
前頭側頭型認知症（ピック病）	①主に前頭葉が萎縮する行動障害型前頭側頭型認知症、②主に側頭葉が萎縮する意味性認知症の2タイプがある	①人格変化[*1]、感情変化[*2]、反社会的行動[*3]、衝動行動 等、②意味記憶障害[*4]、相貌失認[*5] 等
レビー小体型認知症	αシヌクレインというたんぱく質が脳だけでなく末梢神経などを含めて広く異常沈着する	幻視[*6]、パーキンソン症状、睡眠障害、自律神経症状（起立性低血圧、失神、便秘など） 等

※1：怒りっぽくなる（易怒性） 等　※2：無頓着、無関心 等　※3：収集癖、窃盗 等
※4：物品の名前が出てこない　※5：人の顔を見ても誰だかわからない　※6：払いのけたり、逃げるような動作を伴う

◉治る認知症

疾患名	原因	症状
正常圧水頭症	脳の周囲や脳室内に脳脊髄液が貯留	ボーッとする認知機能障害（鈍い）、歩行障害（すり足、小刻み歩行）、尿失禁

※他には、慢性硬膜下血腫（106ページ）がある

 正常圧水頭症は、腰椎穿刺で脳脊髄液を抜いて改善するぞ!!

 血管性認知症では、適切な治療やリハビリテーションによって、認知機能が改善した例もあるみたいね！

 デルモン仙人の 特選チェック

1　前頭側頭型認知症の症状の一つとして、物品の名前が出てこない意味性認知症の症状がある。
2　レビー小体型認知症では、便秘や立ちくらみなどの自律神経症状を伴うことがあるが、幻視はみられない。

（答え）1 ○　2 ×：幻視もみられる。

● 認知症の症状

症状	特徴	内容
中核症状	必ず出現する症状	記憶障害、見当識障害、実行機能障害、判断力の低下、問題解決能力の障害、失行、失認、失語　等
BPSD（行動・心理症状）	中核症状に伴い二次的*に発症	幻覚、妄想、抑うつ、睡眠障害、徘徊、不潔行為　等

※視力や聴力などの低下、便秘や睡眠障害、がん性疼痛、入院や転居など環境の変化（リロケーション・ダメージ）、親しい人との死別、孤立・不安、不適切な薬物使用や住環境などの影響を強く受ける。悪化要因として最も多いのは薬物。なお、BPSDは周辺症状ともいう

BPSDは、薬は必要最小限！　適切な介護により軽減できる症状ね！

BPSDに対しては、医療を優先する前に、まずは受容的で適切な介護が大切。介護する家族に対する適切な助言、支援も大事じゃ!!

● 認知症の簡易検査（簡易知能評価スケール）

名称	基準
改訂長谷川式認知症スケール（HDS-R）	満点が30点 20点以下は認知症を疑う
Mini-Mental State Examination（MMSE）	満点が30点 23点以下は認知症を疑う

諸外国で広く使用！

"30"が同じ！

認知症は、簡易知能評価スケールによる評価と臨床（実際に発症している）症状、CTやMRIによる脳の状態から診断するのじゃ!!

●認知症の治療と介護

長期の使用で併用の効果が期待される！

治療	・治療薬はドネペジルなど5剤 ・早期の投薬で進行をある程度遅らせることが可能 ・組み合わせによっては2剤併用が可能 ・錠剤以外に、経皮吸収型製剤（貼付剤）や内服ゼリー薬もある ・回想法は、思い出話を積極的な意味を持つものとしてとらえた援助手法
介護	・初期では基本的ADLは保たれるが、中期には支援が必要になるなど、認知症の進行過程により症状やケアの方法が異なる ・表情、動作など非言語的メッセージを大切にする ・非薬物療法を行う場合は、精神的安定を図る ・判断力の低下や、昼夜逆転に伴う夜間の排尿行動や不穏状態による転倒・骨折に留意 ・認知症でも、治療や介護の説明には本人の関与が必要

経口内服が困難な高齢者でも使用可能！

●さまざまな介護技法

名称	内容
パーソン・センタード・ケア	介護者本位で効率よく介護するのではなく、その人らしさをケアの中心にすえる。本人の立場に立って考え、本人の気持ちを汲み取り、尊厳に配慮して、気持ちを通わせる
ユマニチュード	「見る、話す、触れる、立つ」を4つの柱とし、知覚・感情・言語による包括的コミュニケーションに基づいたケアの技法
バリデーション	考えや感情を確認し、共感し、力づける。BPSDにも意味があるととらえる。認知症を4つのステージに分けてアプローチする

認知症と区別すべき状態

● 加齢に伴う健忘と認知症の健忘

分類	加齢に伴う健忘	認知症の健忘
エピソード	部分（体験の一部）を忘れる	全体（体験したこと自体）を忘れる
	その日のエピソードを振り返ることができる	数分でエピソードを忘れる
再認※	できる	できない
再生（思い出すこと）	とっさに思い出せなくても、記憶には残っており後で思い出せる	記憶に残っていないのでずっと思い出せない
健忘の自覚	自覚している	自覚が乏しい

※伝言の伝え忘れを指摘されたとたんに思い出すなど。認知症では「そんな話は聞いていない」と怒る

 健常と認知症との間に、MCI（軽度認知障害）という区別もあるぞ‼

● せん妄※と認知症 ── 認知症にせん妄が合併することも！

	せん妄	認知症
病態	意識障害	認知障害
誘因	あり	なし
変動	あり	なし
治療	誘因除去、原因薬剤中止、治療薬剤投与	抗認知症薬

※せん妄については128ページも参照

せん妄は、原因や誘因を取り除くことで消失する！

薬物療法が最優先というわけではないのね！

認知症をめぐる動向

2025（令和7）年には認知症高齢者数は700万人！

●新オレンジプラン（認知症施策推進総合戦略）●

2015（平成27）年1月に発表された。認知症の人の意思が尊重され、できる限り住み慣れた地域で自分らしく暮らし続けることができる社会の実現を目指す

名称	内　容
認知症ケアパス	認知症の状態に応じた適切な医療・介護のサービス提供の流れを示したもの。地域資源マップとあわせて市町村が作成
認知症地域支援推進員	市町村に配置。地域の支援機関間の連携づくりや、認知症ケアパス、認知症カフェなどの支援体制づくり、認知症の人やその家族を支援する相談業務等を実施
認知症初期集中支援チーム	認知症が疑われる人や認知症の人、その家族を複数の専門家が訪問し、アセスメント、家族支援などの初期の支援を包括的、集中的にチームで行い、自立生活をサポート
認知症疾患医療センター	都道府県および政令指定都市が設置し、鑑別診断やBPSD対応などかかりつけ医での対応が難しい場合に受けもち、再びかかりつけ医に返すという連携が求められている
認知症カフェ（オレンジカフェ）	認知症の人やその家族に対する支援のひとつであり、地域住民、専門職など誰もが参加でき、集う場。専門職が状況を把握できる場でもある

主催者はさまざま！

地域の介護関係者等への研修も開催！

 2019（令和元）年6月には新オレンジプランの後継として、「共生」と「（重症化の）予防」を車の両輪とする「認知症施策推進大綱」が策定されたんじゃ!!

● 認知症施策推進大綱の五本柱

1	普及啓発・本人からの発信支援
2	予防
3	医療・ケア・介護サービス・介護者への支援
4	認知症バリアフリーの推進・若年性認知症の人への支援・社会参加支援
5	研究開発・産業促進・国際展開

● 若年性認知症

若年性認知症支援コーディネーターも配置！

実態	・介護保険の第2号被保険者に相当する65歳未満の認知症患者。全国に約3.6万人※ ・若年性認知症では、作業能率の低下など実行機能障害が引き起こす諸症状の先行が多い ・家族介護者に、抑うつ的な精神状況や減収による経済的困難が伴う
施策	・市町村が認めれば、精神障害者保健福祉手帳を取得。障害者総合支援法の障害福祉サービスや自立支援医療の利用、障害基礎年金の受給が可能 ・都道府県は、医療、介護、福祉、雇用の関係者が連携するネットワーク構築の会議を設置

※東京都健康長寿医療センター「わが国の若年性認知症の有病率と有病者数」2020（令和2）年より

 デルモン仙人の 特選チェック

1 認知症高齢者では、生活や療養の場所が変わることが心身の状況に悪影響を及ぼすおそれがある。

2 認知症高齢者では、身体の老化に加え、自分の心身の機能についての正確な判断ができないため、転倒や骨折が多くなる。

3 地域包括支援センターなどに配置する、認知症初期集中支援チームの訪問支援対象者は、原則として、40歳以上で、在宅で生活しており、かつ認知症が疑われる人または認知症の人である。

4 若年性認知症の者は、精神障害者保健福祉手帳の取得や障害基礎年金等の受給はできない。

（答え）**1** ○ **2** ○ **3** ○ **4** ×：手帳の取得や年金の受給が可能。

9 精神に障害のある場合の介護

高齢者の精神障害※

※症状は定型的でなく、訴えが多彩かつ曖昧なのが特徴

意識障害の一種♪

●せん妄

症状	・軽度の意識混濁に加え、錯覚、幻覚、妄想、興奮を伴う状態。活動性が低下するものもある
特徴	・脳血管障害、認知症、頭部外傷など脳の器質疾患に伴うことが多い ・心疾患、呼吸器疾患、腎疾患、感染症、骨折、手術、脱水、栄養失調、薬剤、睡眠障害、環境の変化なども原因（誘因）となる
治療・介護	・治療は、薬物療法 ・予防方法として、静かな環境と夜間の適度な照明 ・夜間にせん妄が増悪する場合は、昼間に適度な刺激と散歩などの活動の機会をつくり、夜間の睡眠を支援

さまざまな全身疾患に伴う非特異的な症状として出現！

高齢者のせん妄は認知症と間違えられるが、認知症とは異なる一時的な精神状態じゃ!!

デルモン仙人の 特選チェック

1 せん妄がみられる高齢者に対しては、薬物治療はほとんど効果がない。

2 せん妄は、脳の器質疾患の際に発症することが多い。

3 せん妄の発症の誘因として、睡眠障害、薬剤、環境の変化などが挙げられる。

答え 1 ×：治療は薬物療法。 2 ○ 3 ○

●統合失調症

	配偶者や近親者の死、怠薬等により再発することも！
症状	①陽性症状：幻聴や妄想、滅裂思考、緊張病症状（興奮と無動）、奇異な行動　等 ②陰性症状：感情鈍麻や無気力、自発性の低下　等
特徴	・発症は多くは思春期から中年期以前 ・加齢に伴い、寛解（症状の軽減）、欠陥治癒（心的エネルギーが低い状態での安定）、認知症化とさまざまな経過をたどる ・残遺状態※では、思考と動作の緩慢、会話の貧困、社会的ひきこもりなど非特異的な症状のみとなり、認知症との鑑別が難しくなることもある
治療・介護	・抗精神病薬を中心とする薬物療法と心理社会療法の併用 ・生活支援とケアマネジメントが不可欠

※初期症状の消失後も長く障害が残る状態

認知症との違いは、道具的な知的機能が保たれているところ！

●老年期のアルコール依存症

症状	・離脱症状※が長引きやすい（遷延しやすい） ・糖尿病、高血圧、認知症、うつ病などを合併する割合が高い
特徴	・身体的老化、喪失体験や社会的孤立などの環境変化により発症。若年発症型と老年発症型がある
治療・介護	・治療薬による離脱治療とリハビリプログラムによる依存治療の2段階 ・断酒達成率は、同居家族の有無、継続的な外来通院、自助グループ（断酒会）への参加継続の度合いで決まる

※不快気分、自律神経症状など

家族関係が希薄だと、このような飲酒の問題に気づくのが遅れることがあるぞ‼

●老年期うつ病

症状	・うつ気分に加え、めまいや便秘などの自律神経症状、活動意欲や注意力の低下、緩慢な動作、不安、焦燥、緊張、情緒不安定などを示す
特徴	・初老期（50〜64歳）に好発 ・高齢者の自殺の主要な原因の一つ ・発症要因は、女性ホルモン・脳内神経伝達物質の異常、脳の血流障害、身体疾患、喪失体験（家族や友人などとの死別、退職等）、孤独、病前の性格（真面目、完璧主義、執着傾向）　等 ・若年者よりも、食欲低下、全身倦怠感、頭痛など身体症状も伴い、気分の落ち込みが目立たない ・忘れっぽく会話も十分できないなど認知症と同様の症状も出るが、治療後には治る（仮性認知症）
治療・介護	・早期受診が大事。治療は、休養、精神療法、薬物療法。薬物は、眠気、ふらつき、口渇、便秘など副作用に注意 ・受容的に接し、不用意に励ますことを控える

心気的な訴えが多い！

 仮性認知症は、真の認知症とは別のものわ！

抗うつ薬によるうつ症状への効果には時間がかかるのじゃ！効果がないからといって、勝手に服薬を中断してはいかんぞ!!

（真の）認知症に移行・合併することも♪

 デルモン仙人の **特選チェック**

1 老年期のうつ病は、活動意欲が低下し、行動が鈍くなるため、自殺行為に至ることは稀である。

2 抗うつ薬を服用している場合は、眠気、口渇、便秘などの副作用が現れやすい。

答え **1** ×：高齢者の自殺の主要な原因の一つ。　　**2** ○

10 ケアにおけるリハビリテーション

リハビリテーションとは

　障害をもった人々が、その有する能力を発揮して、自立した生活を送れるように、チームで援助する活動

●リハビリテーションの流れ

予防的リハビリテーション	・予防期：疾病や障害の発生や悪化を予防する時期。健康増進、介護予防の取り組み
治療的リハビリテーション	・急性期：疾病が発症した直後。主に急性期病棟で行われる
	・回復期：疾病・障害の改善が著しい時期 ・急性期に続き集中的かつ包括的に行われる：退院後の外来や回復期リハビリテーション病棟に入院
維持的リハビリテーション	・維持期※：状態が安定した時期 ・介護保険の対象者が多い：通所リハビリテーション、訪問リハビリテーション、介護老人保健施設などでのリハビリテーション

※体力や機能の維持・改善、生活環境の整備、社会参加の促進、介護負担の軽減などが主な目的

介護保険制度が対象とするリハビリテーションは、予防期と維持期のリハビリテーションじゃ!!
高齢者のケアは、リハビリテーション前置主義にのっとっているぞ!!

声 に出して覚えよう

急性期・回復期は　医療保険！
予防期・維持期は　介護保険！

デルモン仙人の 特選チェック

1 高齢者のケアは、リハビリテーション後置主義にのっとっている。

答え **1** ×：前置主義。

リハビリテーションの基礎知識

●リハビリテーション中に起こりやすいリスク

運動が制限される疾病や障害の有無、許容される運動内容と強度、運動の中止基準も把握！

運動中	低血糖発作、胸痛・不整脈・呼吸困難の誘発、痛みの増悪、転倒リスクの増大　など
食事介助中	誤嚥、窒息
装着している医療機器の取り扱い	人工呼吸器、酸素吸入、中心静脈栄養など
リハビリテーション治療機器の取り扱い	温熱療法、電気刺激療法、牽引療法、斜面台、平行棒　など
感染	飛沫、密な接触、リハビリテーション器具を介した感染　など

誤った方法で筋力増強訓練を行うと、誤用症候群を生じる可能性があり、要注意じゃ!!

●ケアにおいて問題となる障害・症状と予防法

拘縮とその予防のために	・装具などによる良肢位（拘縮になりにくい姿勢）の保持 ・最低1日に1回関節を動かす ・朝、少しでも早く起きて活動的な生活を促す
筋力低下とその予防のために	・筋力増強訓練　・起居動作訓練（座位訓練） ・ADLの励行 ・趣味・レクリエーション活動の推進

デルモン仙人の　特選チェック

1　廃用症候群による筋力低下の予防のためには、日常生活動作（ADL）の励行やレクリエーション活動等の継続は効果がない。

答え　**1**　×：効果がある。

リハビリテーションの実際

疾病・障害、状態別の対応

疾病・障害、状態	対　応
脳血管疾患（脳卒中）による失語症※	言語聴覚士等と連携し、正確な評価に基づき対応
糖尿病による下肢末梢の知覚障害	転倒予防への配慮
歩行できない者	必要に応じた関節可動域訓練や筋力増強訓練を行い、環境整備を含めた生活支援
車いすの者	座位耐性が十分な場合、屋外への散歩などによる生活圏の拡大や精神的な援助
歩行が不安定な者	理学療法士等と連携し、適切な杖、歩行器など福祉用具（歩行補助具）を活用
転倒を体験し、活動が消極的になった者	成功体験による意欲の向上
終末期にある者	廃用症候群の予防などのため、必要に応じたリハビリテーション

※発語に関わる筋に異常はないが、言葉を話し、聞き、理解することなどに障害が現れる。脳卒中で右片麻痺に合併することが多い

左片麻痺による左半側空間失認には、失認空間に注意を向けるリハビリテーション！

言葉のリハビリは言語聴覚士、体のリハビリは理学療法士ね！

福祉用具の一種である自助具も、更衣、整容、調理等、日常生活の多くの場面で活用されるぞ‼

11 ターミナルケア

ターミナルケアとは

死が間近に迫った時期（ターミナル期［終末期］）に、医師、看護師、介護支援専門員、訪問介護員などがチームを組んで提供するケア。在宅における家族に対する看取りの支援も行う

●ターミナルケアの実施場所

独居の高齢者でも可能！

自宅と自宅外	場所についての情報	入院という選択肢
自宅だけでなく、グループホームや有料老人ホーム、特別養護老人ホームなども想定	医師等の医療従事者が療養場所やこれからの過ごし方の選択肢についても情報提供	必要に応じて入院して、家族が看取ることも可能。選択肢を示して、方針も柔軟に検討

●意思決定の支援

インフォームド・コンセント	予後※に関することも含め、利用者（患者）が医師から説明をきちんと受けた上で同意すること
アドバンス・ケア・プランニング（ACP）	人生の最終段階において利用者自らが望む医療・ケアについて、医療・ケアチーム等と話し合い、文書にまとめ、共有するための取り組み
リビングウィル	利用者本人の意思が明確なうちに、医療やケアに関する選択を本人が表明しておくこと
コンセンサス・ベースド・アプローチ	重度の認知機能障害などにより意思が確認できない利用者の場合に、家族に加えて複数の医療・介護専門職が集まって、関係者の総意に基づいて方針をまとめ上げる方法

※疾患が今後たどり得る経過のこと

すべての医療に共通！

本人の人生観や生命観、健康観などの情報を共有することも重要じゃ!!

●ターミナルケアの実際※

食事	好みの食べ物を提供。量より楽しみや満足感を重視
排泄	食事量や腹部の張りなどをみながら、3～5日に1回は排便があるように支援
入浴	訪問介護員や看護師による介助や、訪問入浴介護の利用など、安全面に配慮しながら方法を検討

※在宅では、臨終に際して家族のみで対応することもあり得るため、家族に対する看取りの準備教育として、身体の変化、緊急時の連絡方法、死亡確認の方法などが必要になる

「がん末期」の診断で特定疾病♪

がんの発症頻度は、年齢とともに高くなる傾向！

●末期がんのケア

身体機能	・急速に身体機能が低下していくことがあるので、早期にベッドを導入するなど必要な支援を行う
痛み	・身体的、精神的、社会的、霊的※要因を含んだ全人的痛み（トータルペイン）としてとらえる

※宗教的な視点でのケア（スピリチュアルケア）

呼吸困難や疼痛に対しては、投薬のほか、安楽な体位やマッサージなどで苦痛の緩和を図るんじゃ!!

デルモン仙人の　特選チェック

1 看取りの方針を決めた場合には、家族の意向が変わってもその方針は変更しない。

2 介護保険の特定施設では、ターミナルケアは提供できない。

3 医学的観点だけに基づく診療方針の決定では、本人の意向に反する結果となるおそれがある。

（答え）**1** ×：本人、家族の意向を尊重しながら、方針は柔軟に検討。
2 ×：介護付有料老人ホームなどの特定施設でも提供。
3 ○

●臨終が近づいたときの症状や兆候

数週間前 〜 1週間前	**食事**：飲食の量がかなり減少し、錠剤の服用も困難に。**意識**：寝ている時間が増える。**呼吸**：息切れや息苦しさを感じることも。**循環**：徐々に血圧は低下し、脈は速くなる
数日前	**食事**：ごく少量の食べ物や飲み物のみ摂取。**意識**：意識が混濁し、意味不明な言動や混乱がみられる。**呼吸**：唾液をうまく呑み込むことができず喉がゴロゴロと音がする(死前喘鳴)[※]。**循環**：尿量が減少し、濃くなる
48時間前 〜 直前	**食事**：経口摂取は不可能で口を湿らす程度。**意識**：昏睡状態。**呼吸**：肩や顎だけを動かし、あえいでいるように見える(停止に至る一連の動き)。**循環**：手足が青紫色(チアノーゼ)になり、脈が触れにくい

※臨死期には、死前喘鳴がみられることがあるが、首を横に向ける姿勢の工夫で軽減することもある

下顎(かがく)呼吸が始まると、1〜2時間後に死亡することが多い！

臨終が近づいたときは、応答がなくなっても語りかけ、最期まで看取るようにすることが大切ね！

死亡時は、医師または歯科医師が、生物学的な死亡時刻を記載した死亡診断書を交付する。診療中の利用者(患者)が、診察後24時間以内に診療に関連した傷病で死亡した場合は、改めて診察をすることなく死亡診断書の交付が可能じゃ!!

死後のエンゼルケアは、遺族のグリーフ(悲嘆)ケアとしても大切♪

デルモン仙人の 特選チェック

1 臨死期には、顎だけで呼吸する下顎呼吸状態となる場合があるが、しばらくすると正常な呼吸に戻る。

2 死亡診断書に記載される死亡時刻は、医師が到着後に死亡を確認した時刻でなければならない。

答え **1** ×：1〜2時間後に死亡することが多い。
2 ×：生物学的な死亡時刻が記載される。

12 薬の知識

●副作用と原因となる主な薬剤

副作用	原因となる主な薬剤
低血糖	血糖降下薬
過度の血圧低下、めまい、ふらつき（起立性低血圧）、うつ症状	降圧薬 　 起立性低血圧は飲酒でも起こる！
脱水、口腔乾燥、ふらつき	利尿薬
口渇、便秘、排尿困難、眼圧上昇、心拍数増加	抗パーキンソン病薬、抗不安薬、抗うつ薬
眠気、注意力や集中力低下、倦怠感、ふらつき	抗不安薬、抗うつ薬
胃部不快感、吐き気、食欲不振（消化器症状）	鉄剤、非ステロイド性消炎鎮痛剤、副腎皮質ホルモン（ステロイド）製剤
乏尿（尿量の減少）（腎障害）	非ステロイド性消炎鎮痛剤

慢性心不全に使用するジギタリス製剤や認知症治療薬も食欲不振の原因になる！

服用する薬剤数が多いと副作用のリスクも増大！

非ステロイド性消炎鎮痛剤は上部消化管出血を引き起こしやすい♪

高齢者の転倒や尿失禁、めまい、健忘症状などの精神症状も、薬剤の副作用によることもある！　居宅療養管理指導の薬学的管理指導などで薬剤の効果を適切に把握して、副作用の未然防止と薬剤の適正使用を進めるんじゃ!!

症状が消失すると、内服を自己判断でやめてしまう場合もあるから、内服状況を確認することは必要ね！

●薬の服用と作用

> 胃ろうから薬剤を注入する際にも確認が必要！

- 製剤学的な工夫がなされている錠剤には、つぶして内服してはいけないものがある。必要なことは医師、薬剤師に確認

- 後発（ジェネリック）医薬品は、薬の特許切れ後に製造・販売される、先発医薬品と同一成分を同一量含み、効き目が同等の薬。口腔内で速やかに崩壊し、飲みやすくするなど工夫をしているものもある。ただし、医師が処方した医薬品がすべて切り替えられるわけではない

- 薬は通常、水またはぬるま湯で服用することが望ましい。ハーブ茶など薬の作用に影響を及ぼすものがあるので注意

- 薬は、主に腎臓から排泄されるが、腎機能が低下している高齢者には、薬の作用、副作用の増強が考えられる

- 認知機能低下は、用法や薬効に対する理解不足を生じさせ、適切な服薬管理を困難にする

> 上半身を起こし、多めの水で服用して食道潰瘍予防！

> 薬剤性パーキンソン症候群も、抗精神病薬や胃腸薬などの使用で起こりうる!!

> 薬の飲み忘れ防止には、一包化したり、「お薬カレンダー」などを利用するといいわね！

> お薬手帳で処方情報を共有♪

 デルモン仙人の 特選チェック

1 薬剤師は、薬剤を処方してはならない。

2 高齢者は腎機能が低下しているため、薬の副作用が減弱することが多い。

3 医療用医薬品と健康食品の併用による、有害な相互作用の可能性について、注意が必要である。

答え **1** ○ **2** ×：副作用の増強が考えられる。 **3** ○

13 栄養・食生活からの支援・介護

栄養ケア・マネジメント

●理念

「活動して、生きる」基本であるエネルギー、たんぱく質が主体である食事を十分に「口から食べること」を通じて、単に栄養指標の改善にとどまることなく高齢者の尊厳ある自己実現や、「口から食べる楽しみの充実」を、多職種で支援する

●栄養マネジメント強化加算 — 2020（令和2）年改正事項！

算定要件	・各入所者の状態に応じた栄養管理を計画的に行ったうえで、低栄養状態のリスクが高い入所者に対し、管理栄養士、看護師、介護支援専門員等多職種が共同して栄養ケア計画を作成 ・計画に基づいた食事の観察（ミールラウンド）を週3回以上実施し、食事の調整等を行い、それ以外の入所者に対しても、問題がある場合は早期に対応

> 介護保険施設の栄養マネジメント強化加算は、管理栄養士等が継続的に必要な入所者の栄養管理をした場合に算定できるんじゃ!!

高齢者における栄養の課題

●たんぱく質・エネルギー低栄養状態（PEM）

クワシオコル型	たんぱく質が欠乏した状態。エネルギーの栄養状態には問題なし
マラスムス型	慢性的にたんぱく質とエネルギーが欠乏し、特にエネルギー欠乏が強い状態

> 高齢者に多いのは、両者が合併した状態（混合型）！

保健医療サービスの知識等

●PEMを評価・判定する指標（中リスクの場合）

BMI＝体重kg/(身長m)²	18.5未満
体重減少率	1〜6日間で3％以上の体重減少
血清アルブミン値	3.0〜3.5g/dL
食事摂取量	75％以下に減少

▌望ましい栄養・食生活

●高齢者（75歳以上）の推定エネルギー必要量（kcal/日）

	男性			女性		
身体活動レベル	Ⅰ（低い）	Ⅱ（普通）	Ⅲ（高い）	Ⅰ（低い）	Ⅱ（普通）	Ⅲ（高い）
エネルギー必要量	1,800	2,100	—	1,400	1,650	—

※厚生労働省「『日本人の食事摂取基準（2020年版）』策定検討会報告書」より

> 高齢者の栄養状態は、食が細いことを当たり前とせず、摂取栄養量と栄養必要量とを比較して評価するんじゃ‼

●食生活指針

名称	内容
食生活指針	・病気や介護の一次予防を目的に国が作成。「食事を楽しみましょう」など10か条
高齢者のための食生活指針	・「低栄養には気をつけよう〜体重低下は黄信号〜」など7か条
食事バランスガイド	・指針で示された目標を実践できるように、「食事摂取基準」に基づき、実際の食事で、何を、どのくらい摂取すればよいかを明示

主食、副菜、主菜、牛乳・乳製品、果物の1日分の摂取目標！

疾病と栄養素

◎貧血

種類	対応策	留意点
鉄欠乏性貧血 再生不良性貧血 巨赤芽球性貧血 (悪性貧血)	鉄の摂取量を増やす	ヘム鉄　：動物性食品に多い 非ヘム鉄：植物性食品に多い
	咀嚼を十分行う	―
	良質なたんぱく質の摂取	不足するとヘモグロビンをつくる機能が低下
		肉類の動物性たんぱく質食品は非ヘム鉄の吸収をよくする
	酢・ビタミンCの摂取	胃酸の分泌を亢進 鉄の吸収をよくする
	ビタミンB₁₂・葉酸の摂取	赤血球形成に必要

🔊声に出して覚えよう

ヘム鉄・非ヘム鉄の覚え方は、

ヘム	は	動物	、	非ヘム	は	植物 ！
(ヘム鉄)		(動物性食品)		(非ヘム鉄)		(植物性食品)

貧血は、悪性腫瘍や関節リウマチ、糖尿病性腎症でも起きるのよね！

デルモン仙人の 特選チェック

1 食べることを通じて、尊厳ある自己実現を目指す。

2 低栄養指標には、BMI（Body Mass Index）が18.5未満、血清アルブミン値が3.5g/dL以下などがある。

3 貧血を呈しやすい疾患として、悪性腫瘍や関節リウマチがある。

（答え） **1** ○　**2** ○　**3** ○

●糖尿病

対応策	
摂取エネルギー	➡制限
三大栄養素	➡バランスをとる（たんぱく質、脂質、糖質）
食物繊維	➡摂取
GI※の低い食品	➡摂取

※GI（グリセミックインデックス）：食後血糖の上昇程度を示す。
　糖尿病の際はGIの低い食品を選択する

●慢性腎臓病（CKD）※

エネルギー以外は制限♪

対応策
ナトリウム、カリウムの制限
たんぱく質摂取の調節：30〜50g／日に制限
エネルギーの摂取：デキストリン、でんぷん、中鎖脂肪酸等を利用した高エネルギー食品の活用
水分の調節：むくみがある場合、前日の尿量＋500〜800mLが目安

※腎機能が低下し、正常に働かない状態を腎不全という

声 に出して覚えよう

糖尿病はエネルギー制限！　腎臓病はエネルギー摂取!!

デルモン仙人の 特選チェック

1 糖尿病の場合は、摂取エネルギーを制限して、食物繊維の多い食品を摂取する。

2 腎不全では、腎機能の低下にかかわらず、たんぱく質の十分な摂取とエネルギーの補給をする。

（答え）**1** ○　**2** ×：たんぱく質を制限（摂取の調節）。

14 介護技術の展開

食事の介護

> 第1期から第5期のどこかに問題がある状態が、摂食・嚥下障害！

●摂食・嚥下プロセスと摂食・嚥下障害

第1期 先行（認知）期	食べ物を認知できなかったり、食べ物を口元まで運べなかったりする

↓

第2期 準備期	口の開け閉め、舌の微妙な動き、咀嚼などがうまく行われない。唾液の分泌が低下する

↓

第3期 口腔期	口腔（舌）や顎関節の機能の低下により、口腔内に食塊が残りやすくなる

↓

第4期 咽頭期（嚥下）	口腔だけでなく、咽頭に食塊が残りやすくなる

↓

第5期 食道期	食塊の送り込みが遅れたり、胃から逆流したりしやすくなる

誤嚥は、嚥下前、嚥下中、嚥下後のすべてで生じる！

> 「嚥下障害の初期症状を認めたら直ちに経管栄養」は不適切！

●誤嚥の原因・影響等

原　因	・嚥下反射の低下による嚥下障害 等
影　響	・誤嚥性肺炎などを起こす ・嚥下反射が低下している高齢者は、むせなくても誤嚥している可能性あり
対　応	・嚥下障害があっても誤嚥を防止しながら、口から摂取できるように支援

● 誤嚥の予防法

経口摂取は必要なエネルギー補給に加え、口腔の自浄作用も促進♪

食事前	・食事を摂る姿勢として、できる限りいすに座り、頭部と体幹をわずかに前屈（前傾） ・深呼吸や口を動かすなど準備運動も大切
食事中	・摂食開始段階で、嚥下反射を刺激する、アイスクリームやヨーグルトなど冷たい食品を活用 ・お茶や汁物にとろみをつける ・麻痺側の口の中の食物残渣を確認しながら介護
食事後	・食物残渣[※]の除去など口腔内の清潔保持 ・食後すぐの臥床は、食物が逆流して誤嚥性肺炎を起こすことがあるので避ける ●

※口臭の原因にもなる

経管栄養の場合も！

摂食・嚥下は、中枢神経と末梢神経によって制御。嚥下反射により、食物が気道に入らないよう気管の入り口が閉鎖される。高齢者では、特に疾患がなくても、気道の閉じるタイミングが遅れることで誤嚥が生じやすくなっているので注意が必要じゃ!!

デルモン仙人の 特選チェック

1 摂食・嚥下プロセスの咽頭期では、咽頭に食塊が入ると、嚥下反射により、気道が閉じられて食道に飲み込まれる。

2 むせるからといって口からの飲食を拒否する人は、経口摂取を中止し、経管栄養にする。

3 食事介助では、本人に頭部後屈の姿勢をとらせることが望ましい。

（答え）　**1** ○
　　　　　2 ×：誤嚥の不安や原因を取り除き、口からの摂食を支援。
　　　　　3 ×：頭部は前屈。

●食事の介護の方法

嚥下障害の有無の把握には、食事の所要時間、むせや誤嚥の有無、姿勢等を観察！

主な課題（ニーズ）	介護方法の例
摂食・嚥下障害	咀嚼能力に影響する歯や義歯の治療、調理方法の工夫、摂食・嚥下リハビリテーション、姿勢の工夫、誤嚥予防　等
食事動作や食事姿勢保持の困難	自助具の活用、食事内容の工夫、機能訓練、移乗・移動の支援、姿勢の工夫、枕・クッションの活用　等
食欲や意欲の減退	睡眠など生活リズムの調整、活動性の向上、服薬状況の確認、食事内容の工夫、便秘や脱水への対応、口腔ケア　等
食事の内容や質が不十分	栄養士等による訪問指導、食事内容や食事方法、食習慣の点検・指導　等
食材・食事が得られない	配食サービスの活用、自助具の活用、既製品の活用、サービス調整　等

 片麻痺による運動障害や感覚障害がある場合は、麻痺側の口腔内が汚れやすくなるので気をつけて介護しなきゃね！

 介護はこのような問題点（ニーズ）をアセスメントで抽出して支援するんじゃ‼

アセスメントに医師や福祉用具専門相談員が関わることも♪

 デルモン仙人の **特選チェック**

1 歯のかみ合わせは、咀嚼だけでなく、嚥下にも影響する。

2 摂食・嚥下機能の合わない食事形態での食事の提供は、誤嚥や窒息を招くことがある。

3 食事の介護のアセスメントでは、普段の活動性や睡眠状況、摂食動作ができているか、調理を行っているかなども確認する。

答え **1** ○ **2** ○ **3** ○

▌口腔ケア

●口腔ケアの効果

- ・自浄作用がある唾液の分泌や味覚の回復
- ・発音・構音への影響（音がつくりやすくなり、声量が保てる）
- ・口腔内細菌の減少、口臭予防、誤嚥性肺炎※の予防
- ・嚥下反射や咳反射（咳嗽反射）の改善、促進

※口腔咽頭分泌物などを繰り返し誤嚥することにより発症する

●口腔ケアのポイント

口腔ケアは、毎日、毎食後（1日1回なら夕食後）実施！

観察時	セルフケアが可能な場合は適切にできているかを観察する
口腔ケア実施時	義歯は外し、歯※1は歯ブラシを使用してブラッシング。粘膜部分は洗口により汚れを除去し、洗口ができない場合には拭き取りを行う。食前には経口摂取の準備として口腔周囲を動かす運動を行う
義歯着脱時	食後は義歯※2を外してブラシを使用し流水で洗う。夜間は義歯を外して清掃後、きれいな水や義歯洗浄剤につけておく
ターミナル期	水で濡らして固く絞ったスポンジブラシや口腔ケア用ウェットティッシュなどでこまめに口腔内を拭く

※1：歯の喪失は咀嚼能力の低下を招き、運動能力の低下につながる
※2：義歯が合わないなど口腔に何らかの問題がある場合には、歯科受診を検討

経管栄養や中心静脈栄養で経口摂取を行っていない人にとっても口腔ケアは重要じゃ‼

 デルモン仙人の **特選チェック**

1 口腔ケアは、唾液の分泌や味覚の回復を促すが、咳反射は改善されない。

2 総義歯の高齢者であっても、定期的な口腔ケアは必要である。

(答え) 1 ×：咳反射の改善にも有効。 **2** ○

褥瘡 (じょくそう)

体外からの圧力による皮下の血流障害により、細胞が壊死してしまう状態

褥瘡が悪化すると、敗血症など重篤な状態となるおそれもある！ 発赤の段階で、医療職種と連携し、進行を阻止するのじゃ!!

全身の皮膚観察＆早期発見♪

● 褥瘡の発生要因

全身的要因	低栄養や脱水、体格（やせ）、浮腫、糖尿病、薬剤（抗がん剤やステロイドなど）の使用、感覚障害（知覚麻痺）、意識障害　等
局所的要因	加齢による皮膚の脆弱化、摩擦やずれ、失禁や発汗などによる皮膚の浸軟（湿潤した状態）や汚染　等
社会的要因※	介護力（マンパワー）不足、サービスの利用不足、経済力不足、知識・情報不足　等

※高齢者のQOLや予後は、療養環境、家庭や地域社会の対応などの社会的要因によって影響される

浮腫のある人も、皮膚が引き伸ばされて薄くなるから、褥瘡ができやすくなるみたいね！

デルモン仙人の　特選チェック

1 身体の清潔の援助は、全身の皮膚を観察し、早期に褥瘡を発見する機会となる。

2 褥瘡の発生要因には、病気や加齢による身体組織の耐久性低下がある。

3 感覚障害のある在宅療養者は褥瘡が生じやすい。

（答え）　**1** ○　**2** ○　**3** ○

治癒効果が高いため、入浴は望ましい！

●褥瘡の予防と対応

褥瘡の好発部位	・仰臥位 ➡ 仙骨部 　等 ・側臥位 ➡ 腸骨部　大転子部　等 ・座　位 ➡ 坐骨部　肩甲骨部　等
寝返り （体位変換）	・原則２時間ごとに体位変換 ・エアーマットなど除圧（体圧分散）効果のある予防用具（体圧分散用具）の併用
皮膚の清潔	・定期的な入浴や清拭 ・背部や臀部のマッサージ（発赤部は避ける） ・低刺激性の石鹸を用いて皮膚の清潔を保持
栄養管理	・高たんぱく、高カロリー、高ビタミンの栄養補給
家族や介護者への支援	・介護の知識やスキルの指導、必要なサービスや資源の導入

福祉用具を使えば、"体位変換は不要"ということではないわね！

デルモン仙人の 特選チェック

1 褥瘡は、大転子部には発症しにくい。

2 同一部位への長時間にわたる圧力を減少させるためには、体圧分散用具を用いるとよい。

3 エアーマット等除圧効果のある予防用具を用いた場合には、体位変換を行う必要はない。

4 褥瘡が発生した場合には、速やかに入浴を中止しなければならない。

（答え）**1** ×：大転子部は、褥瘡の好発部位である。　**2** ○
3 ×：体位変換に加え、必要に応じて用具を活用する。
4 ×：褥瘡の治癒効果という点で、入浴が望まれる。

睡眠の介護

●睡眠障害の原因

> 入眠困難、中途覚醒、早朝覚醒、熟眠障害！

身体的要因	痛みやかゆみ、咳、呼吸困難、頻尿、ほてりなど、身体に生じる不快や苦痛、症状
心理的要因	ストレス、緊張、不安、心配　等
物理的要因	音（騒音ならびに無音）、光、温度（暑さ、寒さ）、湿度などの条件のほか、引っ越しや旅行、施設入所などによる生活環境や生活習慣の変化　等
薬理学的要因	薬物の副作用などによって昼間に脱力感や傾眠傾向を生じる場合、夜間に興奮、覚醒し、不眠になる場合
疾病等による要因	うつ病や不安障害　等

 起床時の覚醒水準を高めるケアを行うことで、規則的な排便リズムへの効果も期待できるぞ!!

●安眠のための支援

- ・ぬるめのお湯への入浴、足浴
- ・騒音を排除し、清潔で乾燥した寝具を用意し、寝室の温度、湿度、照明など、環境を整備
- ・カフェインを含む飲み物は摂取しない
- ・副作用による転倒リスクがあるため睡眠薬は慎重に与薬

> 飲酒もよくない！

 デルモン仙人の　**特選チェック**

1 予定より早く目覚め、その後眠れなくなってしまうことを熟眠障害という。

（答え） **1** ×：設問は、早朝覚醒の内容。

15 訪問看護および介護予防訪問看護

		株式会社等！
事業者	病院・診療所、訪問看護ステーション	

従業者	看護職員（保健師、看護師または准看護師） 訪問看護ステーションでは… 理学療法士・作業療法士・言語聴覚士は適当数 （配置しなくても可）
サービス内容	病状の観察・情報収集、療養上の世話、診療の補助、精神的支援、家族支援、在宅での看取りの支援　等

機能訓練（リハビリ）も♪

訪問看護ステーションでは、看護職員が常勤換算2.5人以上（1人は常勤）！

●サービスの特徴および主な基準等

医師の指示は医療系サービスに共通！

・訪問看護ステーションの管理者 ➡ 保健師か看護師（常勤）

・サービス開始時には主治医記載の訪問看護指示書が必要
（要介護状態の変化に応じて交付、有効期限は6か月以内）

・訪問看護計画書とは別に訪問看護報告書を作成、サービス提供結果等を主治医に定期的に報告（義務）

医療保険適用	末期の悪性腫瘍、筋萎縮性側索硬化症（ALS）など厚生労働大臣が定める疾病、精神障害の利用者　等
	急性増悪時等は、主治医が交付する特別訪問看護指示書により、交付日から14日間に限り毎日訪問が可能

ケアプランに沿った計画（個別援助計画）の作成と、利用者への説明・同意・交付は全サービス共通！

末期の悪性腫瘍の患者は医療保険の適用になるのね！

●介護報酬（主な加算）

要件	内容等
複数名訪問加算	身体的理由や暴力行為等の理由により同時に複数の職員がサービスを提供した場合
緊急時訪問看護加算	常時24時間連絡できる体制にあり、かつ、計画にない緊急時の訪問を必要に応じて行う体制にある場合（1人の利用者に対し1か所の事業所に限り算定）
特別管理加算	悪性腫瘍や腹膜透析、気管切開、在宅酸素療法など、特別な管理を必要とする利用者に計画的な管理を行った場合
ターミナルケア加算※	死亡日および死亡前14日以内に2日以上ターミナルケアを実施した場合
看護・介護職員連携強化加算※	訪問介護事業所と連携し、訪問介護員による痰の吸引等の特定行為業務を支援した場合

※介護予防訪問看護では算定できない

保健医療サービスの知識等

特別管理加算は、真皮を越える深さの褥瘡がある要介護者なども対象となるぞ!!

 デルモン仙人の 特選チェック

1 利用者やその家族等の同意を得て、利用者の身体的理由により同時に2人の看護師によって訪問看護を提供した場合には、「複数名訪問加算」が算定できる。

2 真皮を越える褥瘡の患者など「厚生労働大臣が定める状態にある者」は、特別訪問看護指示書により医療保険を適用し、訪問看護を週4回以上受けることができる。

3 指定訪問看護事業者は、主治の医師に訪問看護計画書および訪問看護報告書を提出しなければならない。

答え **1**○ **2**○ **3**○

16 訪問リハビリテーションおよび介護予防訪問リハビリテーション

事業者	病院・診療所、介護老人保健施設、介護医療院
従業者	医師※1、理学療法士、作業療法士または言語聴覚士※2
サービス内容	廃用症候群の予防と改善、基本動作能力の維持・回復、介護負担の軽減、訪問介護事業所への自立支援技術の指導、福祉用具利用・住宅改修に関する助言　等

※1：常勤1人以上
※2：1人以上（常勤の規定はない）。指定訪問リハビリテーションは、これらの者が居宅を訪問して行うリハビリテーションをいう

通院でのリハビリテーションが困難な利用者を対象！

訪問看護と同様、病院・診察所は、みなし指定の対象ね！

●サービスの特徴および主な基準等

・訪問リハビリテーション計画※は、その内容について利用者または家族に対して説明し、利用者の同意を得て交付する

・介護予防訪問リハビリテーションは、利用者の心身機能の維持回復を図り、生活機能の維持・向上を目指す

・運営規程に、利用料およびその他の費用の額を規定

・介護予防訪問リハビリテーションは、計画に基づくサービス提供の期間中、定期的にモニタリング（計画の実施状況の把握）を実施し、記録のうえ、ケアプランを作成したケアマネジャーに報告

※計画作成のために、リハビリテーション会議を開催。利用者・家族の参加を基本とし、構成員には介護支援専門員や居宅サービスの担当者も含む

全サービス共通！

予防給付や訪問看護、訪問（通所）リハビリテーションなどと共通の方針！

●介護報酬（主な加算）

要件	内容等
リハビリテーションマネジメント加算※	医師、理学療法士、作業療法士、言語聴覚士その他の職種の者が協働し、継続的にリハビリテーションの質を管理した場合
短期集中リハビリテーション実施加算	退院（所）または要介護認定を受けた日（認定日）から起算して3か月以内に集中的にかかわる場合
移行支援加算※	リハビリテーションを行い、（通所介護など）利用者の社会参加等を支援した場合

※介護予防訪問リハビリテーションでは算定できない

 指定を取得できる事業者や従業者（人員基準）をしっかり覚えるんじゃ!!

🔊声 に出して覚えよう

訪問看護は、病院・診療所、ステーションで！
訪問リハは、病院・診療所、老健、介護医療院で!!

 デルモン仙人の 特選チェック

1. 訪問リハビリテーションは、病院、診療所、介護老人保健施設または介護老人福祉施設から提供することができる。
2. 指定訪問リハビリテーション事業者は、あらかじめ指定訪問リハビリテーションの利用料以外の費用の額も決めておかなければならない。
3. 介護予防訪問リハビリテーションを介護予防サービス計画に位置づける場合は、主治医の指示があることを確認する。

(答え) 1 ×：病院・診療所、介護老人保健施設、介護医療院。
2 ○ 3 ○

17 居宅療養管理指導および介護予防居宅療養管理指導

事業者	病院・診療所、薬局
従業者	**病院・診療所では…** 医師、歯科医師、薬剤師、管理栄養士、歯科衛生士
サービス内容	通院が困難な利用者に対して、その居宅を訪問して行う、療養上の管理および指導※
	医師、歯科医師が居宅介護支援事業者等の求めに応じて行う、ケアプラン作成やサービス提供等に必要な情報提供・助言

> 薬局は薬剤師の配置が必要！

※利用者の家族に対する介護方法等の指導などを含む。義歯の研磨、褥瘡処置など医療行為は行わない

> 要介護状態の悪化防止等に資するよう、計画的に実施！

> 医療職種による訪問のサービスね！

> 薬剤師は「薬の飲み方や作用・副作用の助言」、歯科衛生士は「ブラッシング指導」、管理栄養士は「栄養や献立の指導・助言」などを行うのじゃ!!

●サービスの特徴および主な基準等

- ・医師、歯科医師による居宅介護支援事業者等への情報提供・助言は、原則、サービス担当者会議に参加して行う

- ・薬剤師は、利用者の服薬状況を把握し、投与薬剤の効果、副作用を医師の処方に反映させる

- ・薬剤師の服薬管理は、医師の処方薬だけでなく、市販の医薬品、健康食品等の影響も確認

> 参加が難しい場合は原則、文書等で情報提供・助言！

> ケアプランが作成されていなくても算定可能！

●介護報酬（職種による業務内容と回数の限度）

職種	業務内容	回数の限度
医師・歯科医師	医学的管理指導	1か月に2回
病院・診療所の薬剤師	薬学的管理指導	1か月に2回
薬局の薬剤師	薬学的管理指導	1か月に4回
管理栄養士	栄養管理指導	1か月に2回
歯科衛生士等※	歯科衛生指導	1か月に4回

※歯科衛生指導については看護職員も行うことができる

保健医療サービスの知識等

> 疼痛緩和のために麻薬を使用している利用者に対する居宅療養管理指導を行う場合、麻薬管理指導加算が算定可能！

 区分支給限度基準額の対象ではないが、個別の上限が回数で設定されておる!!

> 病院・診療所、薬局でみなし指定♪

 デルモン仙人の **特選チェック**

1 居宅療養管理指導は、区分支給限度基準額の対象となる。

2 居宅療養管理指導では、薬剤師は、医師や歯科医師の指示を受け、薬学的管理指導計画に基づき、利用者を訪問して薬学的管理指導を行う。

3 薬剤師が行う居宅療養管理指導には、実際の服薬状況の把握、投与薬剤の効果や副作用を的確に医師の処方に反映させることなどの重要な役割がある。

4 居宅サービス計画作成に必要な情報提供は、原則として、サービス担当者会議に参加して行う。

5 保険医療機関の指定を受けている病院は、都道府県知事の指定があったものとみなされる。

答え **1** ×：区分支給限度基準額の対象外。
2○ **3**○ **4**○ **5**○

18 通所リハビリテーションおよび介護予防通所リハビリテーション

みなし指定♪

事業者	病院・診療所、介護老人保健施設、介護医療院
従業者	医師、看護職員、理学療法士、作業療法士または言語聴覚士、介護職員
サービス内容	身体機能の維持・回復、認知症症状の軽減と日常生活の回復、ADL・IADLの維持・回復、コミュニケーション能力・社会関係能力の維持・回復

訪問リハビリテーションと同じで、病院・診療所、介護老人保健施設、介護医療院のみ、提供できるのね!

●サービスの特徴および主な基準等

・通所リハビリテーション計画を各職種が共同で作成

・低栄養で体力が低下している高齢者等も対象

・計画の実施状況および評価※を診療記録に記載

・介護予防通所リハビリテーションは、運動器の機能向上、口腔機能の向上、栄養改善サービスを実施

・通常の事業の実施地域以外に居住する利用者に対して行う送迎の費用については、利用者から支払いを受けられる

※利用者または家族に説明（通所介護などと共通）

サービス提供にかかる記録は全サービス共通!

（地域密着型・認知症対応型）通所介護と共通!

介護予防通所リハビリテーションでは、生活機能の維持・向上のために筋力トレーニングなども行うのじゃ!!

●介護報酬（主な加算）

要件	内容等
リハビリテーションマネジメント加算※1	医師、理学療法士、作業療法士、言語聴覚士その他の職種の者が協働し、継続的にリハビリテーションの質を管理した場合
短期集中個別リハビリテーション実施加算※1	退院（所）日または認定日から起算して３か月以内に集中的な個別リハビリテーションを行った場合
重度療養管理加算※1	要介護３〜５の重度の利用者に対して、計画的な医学的管理下で通所リハビリテーションを行った場合
若年性認知症利用者受入加算	若年性認知症利用者に対して、通所リハビリテーションを行った場合（受け入れた利用者ごとに個別の担当者を定めていることも必要）
生活行為向上リハビリテーション実施加算※2	生活行為の内容の充実を図るための目標や、目標をふまえたリハビリテーションの実施内容等をリハビリテーション実施計画にあらかじめ定め、リハビリテーションを計画的に行い、利用者の能力向上を支援した場合

※１：介護予防通所リハビリテーションでは算定できない
※２：通所リハビリテーション（介護給付）においては、リハビリテーションマネジメント加算を算定していることが条件

 デルモン仙人の **特選チェック**

1 指定通所リハビリテーション事業者は、病院、診療所に限られる。

2 通所リハビリテーション計画は、医師および理学療法士、作業療法士等の従業者が、共同して作成の上、計画の進捗状況を定期的に評価し、必要に応じて当該計画を見直す。

（答え）**1** ×：病院・診療所、介護老人保健施設、介護医療院。 **2** ○

19 短期入所療養介護および介護予防短期入所療養介護

みなし指定♪※　※療養病床を有する病院・診療所、介護老人保健施設、介護医療院

短期入所（ショートステイ）の第1の目的は、家族介護者の負担軽減ね！

事業者	療養病床を有する病院・診療所、介護老人保健施設、診療所、介護医療院
従業者※	医師、薬剤師、看護職員、介護職員、栄養士、理学療法士または作業療法士　等
サービス内容	介護者の負担軽減（レスパイトケア）、疾病に対する医学的管理、装着された医療器具の調整・交換等、認知症患者への対応、ターミナルケア　等

※：療養病床を有さない診療所は医師、看護職員、介護職員

●サービスの特徴および主な基準等

- ・（介護予防）短期入所療養介護計画は、医師の診療方針に基づき、利用日数おおむね4日以上で作成
- ・介護報酬（保険給付）は連続30日までが算定対象
- ・あらかじめ短期入所用のベッドを確保する必要はない
- ・特定短期入所療養介護は、難病やがん末期の要介護者等を対象に提供される日帰りサービス（予防給付にはない）
- ・検査、投薬等は、利用者の病状に照らして妥当適切に行う

短期入所生活介護と共通！　　　計画の作成は事業所の管理者が行う！※

※介護支援専門員がいる場合には、介護支援専門員に計画作成
のとりまとめを行わせる。介護支援専門員がいない場合には、
計画作成の経験を有する者に作成をさせることが望ましい

特定入所者介護サービス費の対象♪

●介護報酬（主な加算）

> 入所中は訪問看護費などを算定できない！

要件	内容等
緊急短期入所受入加算[※1]	担当する介護支援専門員が、その必要性を認め、ケアプランにないサービスを緊急に行った場合、7日（やむを得ない事情がある場合は14日）を限度として算定
認知症行動・心理症状緊急対応加算[※2]	BPSDにより在宅生活が困難で、緊急の入所が必要と医師が判断した場合、利用開始日から7日を限度として算定
送迎加算	利用者の心身の状態、家族等の事情等から必要と認められる利用者に送迎を行う場合
療養食加算	食事の提供が管理栄養士または栄養士によって管理されていること等を条件として、厚生労働大臣の定める療養食を提供した場合

※1：介護予防短期入所療養介護では算定できない
※2：若年性認知症利用者受入加算と同時に算定できない

> 同時に算定できない（短期入所生活介護と共通）！

 短期入所サービスは、原則として1日あたりの報酬体系となっておるぞ!!

声に出して覚えよう

短期入所は（おおむね）4日以上で計画作成！
保険給付は連続30日まで！

 デルモン仙人の **特選チェック**

1 短期入所療養介護は日帰りの利用はできない。

2 介護老人保健施設が提供する短期入所療養介護には、在宅強化型、基本型、その他がある。

（答え） **1** ×：特定短期入所療養介護は日帰りサービス。
2 ○

保健医療サービスの知識等

20 定期巡回・随時対応型訪問介護看護および看護小規模多機能型居宅介護

 2011（平成23）年制度改正で地域密着型サービスとして創設♪

要介護1以上で利用可能な、予防給付にはないサービスね！

定期巡回・随時対応型訪問介護看護

事業者 （類型）	一体型（下記の①～④）： 　1事業所で訪問介護と訪問看護を一体的に提供	
	連携型（下記の①～③）： 　訪問介護のみを行い、地域の訪問看護事業所と 　連携してサービス提供	
サービス の種類	①定期巡回 　サービス	訪問介護員等が定期的に利用者の居宅を巡回して対応
	②随時対応 　サービス	オペレーターが利用者等からの通報を随時受け、訪問の要否等を判断※
	③随時訪問 　サービス	②の判断に基づき、訪問介護員等が利用者の居宅を訪問して対応
	④訪問看護 　サービス	主治の医師の指示に基づき、看護師等が利用者の居宅を訪問して対応

※利用者・家族等からの在宅介護における相談等にも適切に対応

訪問看護を使わない利用者もいる！（この場合、医師の指示は不要）

通報からおおむね30分以内に居宅に駆けつけられる体制確保に努める！

夜間対応型訪問介護に似ているが、日中・夜間を通じて、1日複数回の定期訪問と随時の対応を、介護・看護が一体的または密接に連携しながら提供するのが特徴じゃ!!

● 人員基準

オペレーター	1人以上は常勤の看護師、介護福祉士、医師、保健師、准看護師、社会福祉士、介護支援専門員のいずれかの者等（支障がなければ兼務も可）
管理者	常勤専従（利用者の処遇に支障ない場合兼務可）
訪問介護員等	・定期巡回サービスを行う者を必要数以上 ・随時訪問サービスを行う者を提供時間帯を通じて専従で1人以上
看護師等	・訪問看護サービスを行う保健師、看護師または准看護師を常勤換算方法で2.5人以上（1人以上は常勤の保健師または看護師） ・理学療法士、作業療法士、言語聴覚士も従事可能
計画作成責任者	看護師、介護福祉士、医師、保健師、准看護師、社会福祉士、介護支援専門員のいずれかである者のうち1人以上

どのサービスでも管理者は常勤！

オペレーターや計画作成責任者に、介護支援専門員資格でも従事できるのね！

定期巡回・随時対応型訪問介護看護計画は、計画作成責任者がケアプランに沿って作成する。その際、サービス提供日時は、計画作成責任者のほうで決めることができるんじゃ!!

介護・医療連携推進会議を、おおむね6か月に1回以上開催、記録を公表♪

●介護報酬（主な加算）

要件	内容等
総合マネジメント体制強化加算	定期巡回・随時対応型訪問介護看護計画について、利用者の心身の状況や家族等の環境の変化を踏まえ、関係者が共同し、随時適切に見直しを行う場合　等
緊急時訪問看護加算	一体型事業所が、利用者の同意を得て、計画的に訪問することとなっていない緊急時訪問を必要に応じて行う体制にある場合

看護小規模多機能型居宅介護（複合型サービス）

●人員基準

サービス提供従業者※	日中（通い）➡	常勤換算利用者3人に1人以上
	日中（訪問）➡	常勤換算2人以上
	夜間（夜勤）➡	夜間・深夜時間帯を通じて1人以上
	夜間（宿直）➡	必要な数以上

1人以上は看護職員！

介護支援専門員	1人以上、専従（非常勤でも可） （支障がなければ管理者などの他の職務と兼務可能）
管理者	専従かつ常勤で、3年以上の認知症ケアに従事した経験を有する、厚生労働大臣が定める研修修了者、または保健師、看護師
代表者	認知症ケアに従事した経験を有する、または保健医療サービス、福祉サービスの経営に携わった経験のある、厚生労働大臣が定める研修修了者、または保健師、看護師

※常勤換算2.5人以上は看護職員（1人以上は常勤の保健師または看護師）

ケアマネジャーがいる！

| 訪問看護と小規模多機能型居宅介護を組み合わせて提供！ |

●サービスの特徴および主な基準等※

・介護支援専門員は、利用者（登録者）のケアプランの作成
に加え、看護小規模多機能型居宅介護（複合型サービス）
計画を保健師または看護師等と密接に連携して作成。作成
にあたっては、その内容について利用者または家族に対し
説明をし、利用者の同意を得て交付する

・常勤の保健師または看護師は、医師の指示に基づき看護サー
ビスが提供されるよう管理

※205ページの小規模多機能型居宅介護の基準等も参照

| 文書で受ける！ |

●介護報酬（主な加算）

要件	内容等
看護体制強化加算	医療ニーズの高い利用者へのサービス提供体制を強化した場合
総合マネジメント体制強化加算	看護小規模多機能型居宅介護の質を継続的に管理した場合

| 訪問介護費や訪問看護費などは算定できない♪ |

 デルモン仙人の **特選チェック**

1 定期巡回・随時対応型訪問介護看護は、要介護者の居宅サービス計画（ケアプラン）に盛り込むことができる。

2 看護小規模多機能型居宅介護事業所の登録定員は、25人以下で、従業者は、介護福祉士または訪問介護員でなければならない。

3 看護小規模多機能型居宅介護を受けている間についても、訪問リハビリテーション費、居宅療養管理指導費および福祉用具貸与費は算定できる。

(答え) **1** ○ **2** ×：登録定員は29人以下。従業者に設問のような規定はない（小規模多機能型居宅介護と共通）。 **3** ○

21 介護老人保健施設

● 人員基準

職種	配置要件
医師	常勤1人以上
薬剤師	施設の実情に応じた適当数
介護職員・看護職員	入所者3人に1人以上 （看護職員は、総数の7分の2程度）
支援相談員	1人以上（入所者数が100を超える施設は、常勤1人に加え、100を超える部分を100で除して得た数以上）
理学療法士・作業療法士・言語聴覚士	入所者の数を100で除して得た数以上
栄養士または管理栄養士	入所者100人以上の施設には1人以上
介護支援専門員	常勤1人以上（入所者100人またはその端数を増すごとに1人を標準）

> 管理者は原則として医師（介護医療院と共通）！

● サービスの特徴および主な基準等

> 施設サービス共通！

- 在宅復帰（通過）施設（在宅生活の継続も支える）
- 要介護1以上で利用可能（予防給付にはない）
- 褥瘡が発生しないよう、適切な介護と予防のための体制整備
- 身体的拘束等の適正化、感染症、食中毒の予防およびまん延防止のための対策検討委員会をおおむね3か月に1回以上開催し、指針を整備、かつ定期的な研修の実施
- 小規模介護老人保健施設には、サテライト型、医療機関併設型※がある。また、分館型、療養病床や介護療養型医療施設を転換し夜間の看護体制などを伴った介護療養型がある

※病院・診療所に併設され、入所者の在宅復帰の支援を目的とする定員29人以下の老健

●介護報酬（主な加算）

看取りも行う！

要件	内容等
ターミナルケア加算	入所者または家族等の同意を得た個別計画に基づきターミナルケアを行っている場合に、入所者が施設において死亡した場合
特別療養費	入所者に対して、感染や褥瘡対策の指導管理など日常的に必要な医療行為を行った場合
緊急時施設療養費	病状が著しく変化し、緊急その他やむを得ない事情により医療行為を行った場合
所定疾患施設療養費	肺炎、尿路感染症、帯状疱疹、蜂窩織炎について、投薬、検査、注射、処置等を行った場合
褥瘡マネジメント加算	多職種が共同して褥瘡ケア計画を作成し、3か月に1回以上見直すなど、継続的に入所者ごとの褥瘡管理を行った場合
経口維持加算	現に経口で食事摂取する者で、摂食機能障害を有し誤嚥が認められる入所者に対し、医師または歯科医師の指示に基づき、管理栄養士その他の職種が共同して会議等を行い、経口維持計画を作成し、継続して経口摂取を進めるための特別な管理を行った場合
認知症専門ケア加算	認知症高齢者自立度Ⅲ以上の者に対して、認知症の入所者に専門的な認知症ケアを提供した場合、1日単位で算定
地域連携診療計画情報提供加算	地域連携診療計画に係る医療機関から利用者を受け入れ、計画の診療報酬を算定している病院に対して文書により情報提供をした場合

保健医療サービスの知識等

要件	内容等
口腔衛生管理加算	歯科医師の指示を受けた歯科衛生士が、入所者に対して口腔ケアを月2回以上行った場合など
入所前後訪問指導加算	入所者が退所後生活する居宅を訪問し、退所を目的とした施設サービス計画（ケアプラン）の作成および診療方針の決定を行った場合など。社会福祉施設等に入所する際も、本人の同意を得て算定可能
在宅復帰・在宅療養支援機能加算	入所者の在宅復帰率、入退所前後の訪問指導割合、要介護度および医療ニーズ（喀痰吸引・経管栄養）の状況などに応じて加算

 勉強してみると、各サービスに共通した加算があるのがわかるわね！

 若年性認知症入所者受入加算、排せつ支援加算なども♪

老健では、入所者の心身の諸機能の維持回復を図り、居宅での日常生活の自立を助けるため、リハビリテーションを計画的に行っておる！入所者の平均要介護度は、介護老人福祉施設より低い状況じゃ!!

 デルモン仙人の **特選チェック**

1 社会福祉法人は、介護老人保健施設を開設できる。

2 感染症や食中毒の予防やまん延防止のため、指針を策定するかまたは定期的に介護職員等に対する研修を行う。

3 栄養マネジメント強化加算は、常勤の管理栄養士または経験のある栄養士を配置している場合に月単位で算定できる。

（答え） 1 ○ 2 ×：指針を策定し、定期的な研修、訓練も行う。
3 ×：管理栄養士を配置し、1日単位で算定する加算。

22 介護医療院

●サービスの類型

介護療養型医療施設から転換を図る♪

①医療機関併設型	病院または診療所に併設
②併設型小規模	①で、入所定員が19人以下の施設

●主な基準等

- ・長期の療養が必要な要介護者が対象（予防給付にはない）
- ・重篤な身体疾患を有する者、身体合併症を有する認知症高齢者等を入所対象とする施設をⅠ型療養床、それ以外をⅡ型療養床と分ける
- ・在宅生活への「復帰を目指す」とは規定しておらず、ターミナルケアの機能を有する

●人員基準

職種	配置要件
医師	（Ⅰ型入所者数÷48）＋（Ⅱ型入所者数÷100）以上
看護職員	入所者6人に1人以上
介護職員	（Ⅰ型入所者数÷5）＋（Ⅱ型入所者数÷6）以上
栄養士または管理栄養士	入所定員が100人以上の施設は1人以上
介護支援専門員	常勤1人以上（入所者100人またはその端数を増すごとに1人を標準）

デルモン仙人の 特選チェック

1 Ⅱ型では、Ⅰ型に比してより重篤な身体疾患を有する患者等に対応できる体制が求められている。

2 住まいと生活を医療が支える新たなモデルとして創設された。

（答え）**1** ×：重篤な身体疾患を有する患者等は、Ⅰ型の入所対象。**2** ○

共通する加算に注目!

指定基準や介護報酬の加算は、各サービスに共通した内容を押さえると効率的に覚えることができる!ここでは主な加算をまとめてみたぞ!!

加算	加算があるサービスの種類
初期加算	認知症対応型共同生活介護、小規模多機能型居宅介護、介護保険施設　等
看取り介護加算	特定施設入居者生活介護、認知症対応型共同生活介護、介護老人福祉施設　等
ターミナルケア加算	訪問看護、介護老人保健施設　等
短期集中(個別)リハビリテーション実施加算	訪問リハビリテーション、通所リハビリテーション、介護老人保健施設
リハビリテーションマネジメント加算、移行支援加算	訪問リハビリテーション、通所リハビリテーション
個別機能訓練加算	(地域密着型、認知症対応型)通所介護、短期入所生活介護、特定施設入居者生活介護、介護老人福祉施設　等
若年性認知症利用者(入所者・入居者・患者)受入加算	通所リハビリテーション、通所介護、短期入所療養(生活)介護、特定施設入居者生活介護、認知症対応型共同生活介護、介護保険施設　等
認知症専門ケア加算	特定施設入居者生活介護、認知症対応型共同生活介護、介護保険施設、短期入所療養(生活)介護　等
口腔衛生管理加算、経口移行(維持)加算など	地域密着型介護老人福祉施設、介護保険施設
褥瘡マネジメント加算	地域密着型介護老人福祉施設、介護老人福祉施設、介護老人保健施設

福祉サービスの知識等

　相談面接技術、コミュニケーション技術などケアマネジャー業務に必要な技術や、障害者総合支援法、生活保護法、高齢者虐待防止法、成年後見制度、日常生活自立支援事業といった介護保険制度以外の制度（法律）の知識が、例年出題されています。また、介護保険制度下の福祉系サービスの指定基準についても、各サービスについてまんべんなく出題されます。一つひとつ、関心をもって頭に入れていきましょう。

ソーシャルワーク

相談・面接

●相談・面接における4つの基本的視点

基本的視点	内容
人権尊重と権利擁護	尊厳の尊重、援助者側が人として対等であることを伝える必要性
生活の全体的把握	生命・生活・人生のレベルの相互関連を視野に入れる
自立支援・自己決定・社会参加の拡大	クライエント※本人の自立を促進し、自己決定の力を強めていく方向性
専門的援助関係と職業倫理	専門職として援助を展開する。倫理としての人権尊重、秘密保持

※相談・面接の対象者、すなわち利用者のこと

小さな事柄から自己決定を促し、クライエントの可能性を広げ、意欲を高める！

スーパービジョン※（上司や先輩からの指導・助言）などにより相談援助者が自覚せずに行っている職業倫理違反を点検！

※援助（支援）の記録なども活用。
地域包括支援センターでも実施

クライエントに関する情報は、相談の目的に合わせ、クライエントに必要性を説明し、同意・了解を得たうえでクライエント本人の納得する範囲で収集し利用。個人的興味に基づいた質問は控える！

ケアマネジメントのあり方（71ページ）や介護支援専門員の基本姿勢（72ページ）と同様ね！

ケアマネジャーが行う相談・面接における大前提となるものじゃ！　次のページのコミュニケーション技術も、クライエントとの信頼関係（ラポール）を形成するための重要な技術じゃぞ!!

● バイステックの7原則

| ①個別化の原則 |
| ②感情受容と共感※の原則 |
| ③意図的な感情表出の原則 |
| ④統制された情緒関与の原則 |
| ⑤非審判的態度の原則 |
| ⑥自己決定の原則 |
| ⑦秘密保持の原則 |

本人の感情表現を促す！

クライエントの言動を、その背後にある情緒面も含め、受け入れ、温かく承認するんじゃ!!

本人が決めるプロセスも重要！

※クライエントの考え方について、援助者がクライエントの立場に立って理解しようとすること

コミュニケーションの知識と技術

● コミュニケーションの種類

イラストや写真など多様な表現方法も活用♪

種類	内容
言語	話し言葉、文書　等
非言語	音声、抑揚、表情、速さ、服装、目線、身ぶり　等

重要！

● コミュニケーションの技術

種類	内容
ミクロ	面接時のクライエントへの直接的な技術。観察※1、あいづち、クライエントの言葉を反復して繰り返す、励まし、明確化、要約、直面化※2　等
マクロ	面接の時間配分、情報のまとめ方、面接場所の設定、いすの配置、部屋の雰囲気、職員の服装　等

※1：非言語的なメッセージを感知することを含む
※2：クライエントが目を背けていることに気づいてもらう

クライエントが話しやすい環境を整えるために必要！

●予備的共感と波長合わせ

予備的共感	波長合わせ
事前情報をもとにクライエントの立場に立った見方を予測し、共感的な姿勢を準備しておくこと	クライエントの反応に合わせて、相談援助者自らの態度、言葉遣い、質問の形式等を修正していくこと

●必要に応じた質問の形式

面接の進行

オープンクエスチョン [開かれた質問]	自由な語りを促す
クローズドクエスチョン [閉じられた質問]	「はい」「いいえ」で答えられる

傾聴時！

事実の確認！

クライエントとともに課題の明確化

┃インテーク技術

1回の面接で終わるとは限らない♪

●インテーク面接の過程

導入と場面設定
↓
主訴の傾聴と必要な情報交換
↓
課題（問題）の確認と援助目標の仮設定
↓
援助計画、援助期間、援助方法の確認
↓
援助に関する契約
↓
終結

主訴≠課題（ニーズ）！

どのような援助ができるか具体的に説明！

問題の解決に向けて、一定の積極的な見通しを相互確認！

インテーク*には、正確、迅速な記録が求められる。経過や課題、援助者としての意見や予測、緊急対応すべき事柄、他機関との連携の必要性などを記載することは、面接者の責任じゃ!!

※70ページ参照

ソーシャルワークの概要※

※実践例は210ページを参照

　援助者（ソーシャルワーカー）は、各種援助の組織者として、コーディネーターとしても機能

●個別援助（ミクロ・ソーシャルワーク）

➡クライエントの生活課題（ニーズ）の解決を個別に援助。相談・面接とその原則などを駆使して展開

- クライエントは、援助者を相談相手としながら、現在直面している生活上の問題の理解を深め、自分自身と問題との関係についての認識を次第に変容させていく

- 客観的状況の理解のため、専門職として一定の距離を保ち※、クライエントへの共感的理解を深め、援助関係を維持

※過度の同情、感情移入、批判などを注意深く回避

●集団援助（メゾ・ソーシャルワーク）

➡小集団の大きな力に着目。集団の場面や関係を媒介にして行う

- 集団活動を体験していない利用（参加）者もいる中、十分な準備、個別化、ゆっくりとした導入、いつでも離脱できる自由の保障といった工夫が必要

- 集団場面、集団関係がもたらす効果：
  - ⇒利用者は、自分と同じような問題を抱えている人の行動を観察することで、自身の問題を客観視、再認識し、新しい見方を得る（学習効果）
  - ⇒共通の問題の発見、共感により、孤立感や悲壮感を解消
  - ⇒グループ内で、リーダーや、傍観者、他人を援助する立場、先輩から教えてもらう立場になるなどにより、自分自身を見直し、自己像を変容させ、新たな自信や喜び、生きがいをもつ機会を得る（役割交換の効果）

- 援助者は、グループ内の利用（参加）者相互の関係における、ダイナミックな動きを意図的に活用し、グループ活動を促進し、利用者個別のニーズの解決を図る

福祉サービスの知識等

●地域援助（マクロ・ソーシャルワーク）
➡地域社会におけるニーズを明らかにして解決を図る

> ・社会福祉協議会が中心的機能を担っているが、NPOなども組織され、活動を展開
>
> ・ニーズの解決のために、次のような取り組みを実施：
> ⇒ボランティア活動など地域住民の参加と組織化
> ⇒新しいサービス（社会資源）の開発（地域開発）
> ⇒現行のサービスの整備、充実、改善
> ⇒地域のさまざまな関係機関の交流促進、ネットワーク構築
> ⇒サービスの利用者のための権利擁護、代弁、支援
> ⇒よりよい福祉サービスの制度化に向けての情報収集、広報、啓発
> ⇒地域住民が、福祉サービスに関する情報を手軽に入手したり、相談できる手段の創設、環境整備　等

認知症カフェの設置・運営や認知症サポーター養成講座の開催も♪

援助者が自らの性格・個性を知り、感情・態度を意識的にコントロールする「自己覚知」も大切ね！

デルモン仙人の　特選チェック

1 インテーク面接は、利用者と面接者との相談目的のために設定された面接であるため、原則として1回の面接で終わらせる。

2 集団援助（メゾ・ソーシャルワーク）でのソーシャルワーカーによる支援において、メンバー（参加者）から希望があった美術館への訪問を、グループで計画することを提案した。

3 地域援助（マクロ・ソーシャルワーク）に、NPOによる地域住民とともに行う地域開発や、社会福祉協議会による認知症の人や家族介護者のための地域サービスの整備は含まれない。

(答え) **1** ×：1回で終わるとは限らない。
2 ○　**3** ×：含まれる。

2 社会資源の活用

社会資源の活用

●社会資源

フォーマル サービス	・公的サービス*中心で、安定的・専門的 なサービス提供が可能 ・柔軟性に欠ける面あり
インフォーマル サポート	・家族、近隣、ボランティア等が行う ・柔軟な対応が可能だが、専門性が低く、 安定供給が難しいといわれる

※介護保険サービスや保健医療、福祉、住宅等に関するサービスなど

これら社会資源以外に、利用者自身の能力、資産、
意欲といった内的資源も活用するのじゃ!!

●アドボケート（代弁機能）

ケースアドボケート ➡ 個別の要介護者等の代弁

個々の事例に対して、ケアプランが実現できるよう要介護者
等に代わって社会資源の修正を他の構成員に求めること

クラスアドボケート ➡ 地域全体に足りない社会資源開発 の必要性の訴え

累積された援助困難な事例*をもとに地域の社会資源を開発・
改善し、さらには量的に確保できるよう対応していくこと

※地域から孤立しているクライエントの場合には、本人や家族へのアウトリーチ（出向い
て働きかける）が有効な方法となる

ケアマネジャーには両方の機
能が求められているのね！

 デルモン仙人の **特選チェック**

1 利用者が認知症のため自分の意向をうまく伝えられない場合に
は、その意向を推し測り、尊厳が保持されるように努める。

（答え） **1** ○

3 障害者福祉制度

障害者総合支援法※

※障害者の日常生活及び社会生活を総合的に支援するための法律

対象者	身体・知的・精神障害者（発達障害者を含む）、難病※患者
申請・受付	市町村
自己負担	・家計の負担能力を考慮（応能負担） ・所得に応じた負担上限月額あり。上限に満たない場合は1割負担。低所得者は負担なし

※治療方法が確定されていない疾病

介護保険（応益負担）と違う！

●支給決定のプロセス等

障害支援区分（旧・障害程度区分）の認定

↓

サービス等利用計画案の作成

↓

支給決定

介護保険同様
ケアマネジメントを導入♪

↓

支給決定時のサービス等利用計画の作成

サービス等利用計画は介護保険のケアプランに相当！

↓

計画に基づいたサービス提供・利用

↓

一定期間ごとにモニタリング実施

2017（平成29）年介護保険制度改正に伴い、障害者総合支援法の対象サービスの事業所であれば、介護保険の居宅サービスなどの指定が取得しやすくなる「共生型サービス」という特例が、2018（平成30）年4月から実施されているのじゃ!!

●支給対象サービス

種類		サービス名
自立支援給付^{※1}	介護給付^{※2}	居宅介護、重度訪問介護、同行援護、行動援護、療養介護、生活介護、短期入所、重度障害者等包括支援、施設入所支援
	訓練等給付^{※2}	自立訓練（機能訓練・生活訓練）、就労移行支援、就労継続支援、就労定着支援、自立生活援助、共同生活援助（グループホーム）
	自立支援医療	更生医療、育成医療、精神通院医療
	補装具	義肢、装具、車いす　等
地域生活支援事業（市町村・都道府県による必須事業）		相談支援、意思疎通支援、日常生活用具給付等、成年後見制度利用支援、移動支援、広域的な支援事業　等

※1：介護保険法に基づく保険給付または地域支援事業が優先される
※2：介護給付と訓練等給付に含まれるサービスを総称して、障害福祉サービスという

福祉サービスの知識等

（精神通院医療は）都道府県が実施主体！

居宅介護はホームヘルプ、同行援護は視覚障害者のガイドヘルプ、行動援護は知的・精神障害者等のガイドヘルプサービスね！

障害者総合支援法では、例えば、日中は就労継続支援を利用し、夜間は施設入所支援を利用するなど、「日中活動の場」と「住まいの場」を、利用者の選択により組み合わせて利用できるんじゃ!!

 デルモン仙人の　特選チェック

1　介護給付費の支給は、居宅介護や行動援護等の居宅サービスに対する給付であり、施設入所支援等の施設サービスは含まれない。

（答え）　**1**　×：含まれる。

4 🐦 生活保護制度

‖ 生活保護法の基本原理・原則

●生活保護法の基本原理

原理	内容
国家責任	最低生活保障を国がその責任において行う
無差別平等	困窮に陥った原因による差別を否定
最低生活保障	最低生活の水準の内容を定める
補足性	保護はあくまで補足として適用（自立の助長）

⚾〜〜 ゴロ で覚えよう

生活保護法の基本原理は、
虚　　無　　　僧の　　裁　　　縫！
こ（国家責任）む（無差別平等）　　さい（最低生活保障）　ほう（補足性）

●生活保護法の原則

原則	内容
申請保護	保護の申請（意思表示）があって手続き開始
基準及び程度	保護の実施上の基準（生活保護基準）の規定
必要即応	要保護者の実情に即して保護を実施
世帯単位	保護の要否や程度の決定は世帯単位

> 急迫した状況の場合は、申請がなくても必要な保護を行う！

⚾〜〜 ゴロ で覚えよう

生活保護法の原則は、
神聖　な　　生地　が　即　　帯に！
（申請保護）　　（基準及び程度）（必要即応）（世帯単位）

生活保護の種類および内容

●生活保護の種類●

> 医療、介護扶助は原則、現物給付！
> それ以外は原則、金銭給付！

種類	内容
生活扶助	日常生活の需要を満たすための給付（飲食物費、被服費、光熱水費、家具什器費）
教育扶助	義務教育の就学に必要な費用が対象。小・中学校別に定めた基準額に従って支給
住宅扶助	住宅の確保および補修、維持のために必要なもの
医療扶助	疾病や負傷による入院・通院により治療を要する場合、生活保護の「指定医療機関」に委託して行う
介護扶助	介護保険法に規定する要介護者・要支援者が対象※
出産扶助	分娩の介助および分娩前後の処置などに伴って必要となる一定額内のガーゼ等の衛生材料費
生業扶助	生業費、技能修得費、就労のために必要なもの
葬祭扶助	死体の運搬や火葬・埋葬、納骨その他葬祭に必要なものの範囲にかかる金銭を基準額内で給付

※介護保険制度の保険給付の対象となる介護サービスと同等のサービスを、要保護者に対し保障

> 生活保護は、8種類の扶助で
> 実施されているのね！

⚾〜〜 ゴロ で覚えよう

生活保護の種類は、生徒は 今日 中に
　　　　　　　　　　（生活）（教育）（住宅）

イ カ の出 世 を 捜 査せよ！
（医療）（介護）（出産）（生業）（葬祭）

●介護扶助

対象者	①介護保険の被保険者で要介護・要支援の状態にある者 ②医療保険未加入の40歳以上65歳未満の要介護・要支援の状態にある者
扶助の範囲	居宅介護、（介護予防）福祉用具、（介護予防）住宅改修、施設介護、介護予防、介護予防・日常生活支援、移送
扶助の方法	現物給付（住宅改修・福祉用具は金銭給付） 被保護者が介護保険の被保険者である場合※、介護保険による保険給付が優先し、自己負担分（費用の原則１割）が介護扶助の対象

※要介護認定等も、介護保険法の
　規定に基づき実施

施設の場合、食費の負担限度額分も支給！

移送以外は、介護保険の給付対象と同じ内容（サービス）！

 被保険者以外の者は介護保険が適用されないので、上の②の場合、介護サービスの利用料金の10割が生活保護から支給されるのじゃ!!

 介護保険料や施設の日常生活費（介護施設入所者基本生活費）は生活扶助♪

デルモン仙人の　特選チェック

1 生活保護受給者である介護保険の第１号被保険者の保険料および介護施設入所者基本生活費は、介護扶助の対象となる。

2 介護予防福祉用具の利用は、介護扶助の対象であり、介護予防住宅改修は、住宅扶助の対象である。

3 居宅介護支援事業所が生活保護受給者に対して居宅介護支援を行う場合には、介護保険法の指定のほかに、生活保護法による指定を受ける必要がある。

答え **1** ×：介護保険料と介護施設入所者基本生活費は生活扶助。
2 ×：住宅改修は介護扶助。　　**3** ○

5 後期高齢者医療制度

後期高齢者医療制度

医療保険制度の一種♪

◉概要

運営主体	都道府県ごとにすべての市町村（特別区を含む）が加入して設立された「後期高齢者医療広域連合」（広域連合）
被保険者※	広域連合の区域内に住所を有する、次のいずれかに該当する者： ・75歳以上の者（後期高齢者） ・65歳以上75歳未満の者（前期高齢者）で、広域連合の障害認定を受けた者
保険給付（後期高齢者医療給付）	①療養給付、②入院時食事療養費、③入院時生活療養費、④保険外併用療養費、⑤療養費、⑥訪問看護療養費、⑦特別療養費、⑧移送費、⑨高額療養費、⑩高額介護合算療養費、⑪条例で定める給付
被保険者の一部自己負担	原則1割（一定以上所得のある者は2割、現役並み所得者は3割）
被保険者の保険料	広域連合ごとに条例で保険料率（均等割額、所得割額）を決定

※住所地特例あり。また、生活保護世帯に属する者は適用除外（医療扶助を適用）

保険料の徴収は通常、介護保険と同様の特別徴収じゃ!!

デルモン仙人の 特選チェック

1 被保険者は、75歳以上の者に限定される。

2 生活保護法による保護を受けている世帯に属する者は、被保険者にはならない。

（答え）**1** ×：65歳以上75歳未満の者で障害認定を受けた者も被保険者となる。　**2** ○

福祉サービスの知識等

6 高齢者虐待

高齢者虐待防止法※

※高齢者虐待の防止、高齢者の養護者に対する支援等に関する法律。高齢者の定義は「65歳以上」

●高齢者虐待の種類と定義

最も多い！

種類	・身体的虐待：外傷が生じる暴力、外部との接触を意図的、継続的に遮断する行為など
	・ネグレクト（介護・世話の放棄・放任）：著しい減食や長時間の放置など著しく養護を怠ること
	・心理的虐待：言葉による暴力や無視など本人の意欲や自立心を低下させる行為
	・性的虐待：わいせつな行為をすること、させること
	・経済的虐待：本人の希望する金銭の使用を理由なく制限することなど
定義	主として親族など、高齢者と何らかの人間関係のある者によって加えられた行為で、高齢者の心身に深い傷を負わせ、高齢者の基本的人権を侵害し、時に犯罪上の行為

養護者で最も多い虐待者は息子！   虐待の種類は5つ♪

この法律では、加害者として、養護者（家族など）、そして、養介護施設従事者等、すなわち介護サービス事業者・施設などの職員も想定している点がポイントじゃ!!

この法律の対象外とのことだけど、サービスの利用拒否などで社会から孤立した「セルフ・ネグレクト」状態の高齢者にも、高齢者虐待に準じた対応が求められているのよね！

●高齢者虐待への対応

市町村への通報	義務	生命または身体に重大な危険を生じている場合
	努力義務	上記以外の場合
市町村の対応	高齢者・養護者への相談、指導、助言	
	通報があった場合の事実確認	
	老人福祉法による迅速な保護措置（必要な居室確保のための措置）	
	立入調査（警察署長に援助要請可）	
連携協力体制の確保	地域包括支援センター等の関係機関との連携協力体制を整備	
その他	施設等従事者が通報を理由に解雇等、不利益な扱いは受けない	
	都道府県知事は、毎年度、施設・事業者による高齢者虐待の状況等について公表	

家族などの了解は不要！

介護支援専門員には、高齢者虐待防止において、早期発見の役割が期待されておるぞ!!

福祉サービスの知識等

デルモン仙人の 特選チェック

1 養護者による高齢者を衰弱させるような著しい減食は、高齢者虐待に当たる。

2 都道府県または都道府県知事は、虐待の通報または届出があった場合には、高齢者を一時的に保護するために老人短期入所施設等に入所させることができる。

3 市町村長は、養介護施設従事者等による高齢者虐待の状況やそれに対する措置等を、毎年度、公表しなければならない。

（答え） **1** ○ **2** ×：市町村または市町村長の対応。
3 ×：都道府県知事が公表。

7 成年後見制度

成年後見制度

●成年後見制度とは

意思決定の支援♪

> 認知症、知的障害、精神障害などにより判断能力が不十分であるために、意思決定が困難な者の判断能力を成年後見人等が補っていく制度

認知症対策という点でも、市町村に、後見等の業務を適正に行える人材の育成と活用を図ることが求められておる!!

●成年後見制度の概要

対象者	上記参照
申立て先 （申込み先）	家庭裁判所
成年後見人等 の職務	対象者の判断能力を補う ①財産管理、②身上監護
分類	①法定後見制度、②任意後見制度

申込みは、市町村ではなくて、家庭裁判所なのね！

財産管理は、本人（成年被後見人等）に代わって財産を管理し、本人のために使用すること。身上監護は、契約・手続き等の法律行為を本人に代わって行うことじゃ!!

成年後見人等が自ら入浴介助等を行うことではない！

●成年後見制度の分類

成年後見制度 ─┬─ 法定後見制度 ─┬─ 後見類型─成年後見人※を選任
　　　　　　　　　　　　　　　　　├─ 保佐類型─保佐人※を選任
　　　　　　　　　　　　　　　　　└─ 補助類型─補助人※を選任
　　　　　　　　└─ 任意後見制度

※社会福祉協議会等の法人も選任可能

配偶者や市町村長による申立ても可能♪

●法定後見制度の概要

　本人または四親等内の親族等の申立て(後見等開始の審判請求)※に基づき、家庭裁判所が成年後見人等を職権で選任する制度

後見**類型** ：成年後見人の選任	判断能力を欠く常況	(低)
保佐**類型** ：保佐人の選任	判断能力が著しく不十分	判断能力
補助**類型** ：補助人の選任	判断能力が不十分	(高)

※事実上婚姻関係と同様の事情(内縁関係)にある者はできない

●成年後見人・保佐人・補助人の権限

成年後見人等の約8割が親族以外！

成年後見人	代理権	本人の財産に関する法律行為を本人に代わって包括的に実施
	取消権	本人自ら行った法律行為について本人に不利益な場合、原則取消可
保佐人	同意権	本人が行う一定の行為について同意を与える権限。選任時点で付与
	取消権	保佐人の同意を得ず行った契約について本人に不利益なものは原則取消可
	代理権	①本人の同意、②保佐人等の請求、③家庭裁判所の審判、を経て、保佐人に代理権が付与
補助人	同意権・取消権・代理権	①本人の同意、②四親等内の親族等の請求、③家庭裁判所の審判を経て、補助人に同意権、取消権、代理権が付与

本人の居住用の不動産を処分する場合は、家庭裁判所の許可が必要！

福祉サービスの知識等

●任意後見制度の概要

認知症等により判断能力が不十分になったときのために、後見人になってくれる者（任意後見人）と後見事務の内容をあらかじめ公正証書による契約によって決めておく制度

●任意後見制度のフロー （丸数字の順に展開）

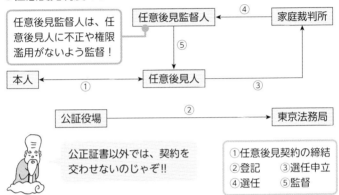

任意後見監督人は、任意後見人に不正や権限濫用がないよう監督！

公正証書以外では、契約を交わせないのじゃぞ!!

①任意後見契約の締結
②登記　③選任申立
④選任　⑤監督

 デルモン仙人の 特選チェック

1 成年後見人は、本人の居住用不動産の処分を含め、本人の財産に関する法律行為を家庭裁判所の許可なく本人に代わって行うことができる。

2 精神上の障害により事理を弁識する能力を欠く常況にある者については、配偶者も、後見開始の審判を請求することができる。

3 65歳以上の者につき、その福祉を図るため特に必要と認めるときは、市町村長は後見開始の審判の請求をすることができる。

4 任意後見では、任意後見人の不正や権限の濫用を防ぐため、任意後見監督人が別途選任される。

5 任意後見人の配偶者、直系血族および兄弟姉妹は、任意後見監督人となることができない。

答え **1** ×：本人の居住用不動産の処分については、家庭裁判所の許可が必要。 **2** ○ **3** ○ **4** ○ **5** ○

8 日常生活自立支援事業

日常生活自立支援事業の概要

第2種社会福祉事業♪

対象者	在宅や施設で、認知症や知的障害、精神障害などにより判断能力が不十分、かつ日常生活自立支援事業の利用契約を締結する能力を有する者		
窓口	市区町村の社会福祉協議会等		
実施主体	都道府県・指定都市社会福祉協議会（事業の一部を市区町村社会福祉協議会等に委託可）		
実施体制	社会福祉協議会と利用者が契約		
	専門員	初期相談、支援計画の作成、利用契約の締結	
	生活支援員	支援計画に基づいた具体的な支援	
	運営適正化委員会	事業全体の運営監視、苦情解決	

●支援の内容

①福祉サービスの利用援助
②日常的金銭管理サービス
③書類等の預かりサービス

成年後見制度と併用可能なのね！

要介護認定等に関する調査の立ち会いなど、介護保険に関することや、苦情解決制度の利用援助を含む！

デルモン仙人の **特選チェック**

1 日常生活自立支援事業における生活支援員は、支援計画の作成及び契約の締結業務を行う。

2 日常生活自立支援事業における支援内容には、要介護認定等に関する調査に立ち会い、本人の状況を正しく調査員に伝えることが含まれる。

答え **1** ×：設問内容は、専門員の業務。　**2** ○

福祉サービスの知識等

9 訪問介護

訪問介護の概要

基本方針	居宅で、利用者の有する能力に応じた、身体介護、生活援助、通院等乗降介助を行う
従事者	管理者、サービス提供責任者[1]、訪問介護員等[2]

※1：介護福祉士、実務者研修修了者等
※2：介護福祉士または介護員の養成に関する研修修了者（生活援助は生活援助従事者研修修了者も行うことができる）

●身体介護・生活援助等[1]

> 20分未満から算定の対象！

身体介護	排泄介助、食事介助、清拭・入浴介助、通院・外出介助、自立生活支援のための見守り的援助[2]、特段の専門的配慮をもって行う調理[3]、特別な医療的ケア　等
生活援助	掃除、洗濯、衣類の整理、一般的な調理、買い物、薬の受け取り、安否確認、ゴミ出し、利用者不在のベッドでのシーツ交換、被服の補修　等

※1：他に、通院等のための乗車または降車の介助がある
※2：利用者と一緒に手助けをしながら行うシーツ交換、調理やゴミ出し、被服の補修、買い物の際に車いすで移動しながら本人が品物を選べるようにする支援など
※3：嚥下困難な利用者のための流動食の調理など

家族の衣類の洗濯、花木の水やり、犬猫の世話などは対象外じゃ!!
安否確認を主たる目的とする訪問は生活援助として算定できないぞ!!

●医行為でないもの（非医行為）（身体介護で提供可能）

原則として医行為ではないと考えられるもの	体温測定、血圧測定、一定条件下での医薬品の使用介助、専門的な判断・技術を要しない軽微な切り傷、擦り傷などの処置　等
医薬品の使用等	軟膏の塗布、湿布の貼付、点眼薬の点眼、座薬の挿入、一包化された内服薬の内服（服薬介助）、健常な状態の爪の手入れ　等

●サービス提供責任者の責務

- ・利用申し込みの調整、利用者の状態変化や意向を定期的に把握
- ・居宅介護支援事業者等との連携
- ・訪問介護計画（個別援助計画）の作成
- ・従業者（訪問介護員）の業務実施状況の把握、業務管理、技術指導

▌介護報酬（主な加算・減算）

要件	内容等
生活機能向上連携加算 ➡	訪問リハビリテーションまたは通所リハビリテーションの理学療法士等と共同して計画作成
初回加算 ➡	新規利用者に対してサービス提供責任者が初回の訪問介護に同行した場合などに算定
緊急時訪問介護加算 ➡	原則、介護支援専門員が必要と認めた場合に、計画にない身体介護を緊急に行った場合に算定
同一建物等※に居住する利用者にサービス提供 ➡	減算（100分の90または100分の85）

※他に、事業所のある建物と同一の（あるいは隣接する）敷地内の建物など

 デルモン仙人の 特選チェック

1 手助けや声かけ及び見守りしながら、利用者と一緒に行うシーツ交換は、身体介護として算定できる。

2 安否確認を主たる目的とする訪問は、生活援助として算定できる。

（答え）**1** ○ **2** ×：訪問介護の内容が単なる本人の安否確認や健康チェックであり、それに伴い若干の身体介護又は生活援助を行う場合には、訪問介護費は算定できない。

10 訪問入浴介護および介護予防訪問入浴介護

訪問入浴介護等の概要

利用者宅に浴室があっても提供可能！

基本方針	浴槽を提供して居宅での入浴援助を行い、利用者の身体の清潔保持、心身機能の維持等を図る
従事者	管理者、看護職員（看護師・准看護師）、介護職員

浴槽の提供がポイントね！

そうなんじゃ。自宅の浴槽を利用したサービスではないんじゃ!!

● 従業員の員数

職種	訪問入浴介護	介護予防訪問入浴介護
管理者	専従（常勤）	
看護職員※	1人以上	1人以上が常勤！
介護職員	2人以上	1人以上

※看護師・准看護師

看護職員と介護職員で行うサービス※だが、利用者の体調が安定していれば、主治医の意見を確認のうえ、介護職員だけで行えるぞ!!

※1回の訪問につき、訪問入浴介護は看護職員1人・介護職員2人、介護予防訪問入浴介護は看護職員1人・介護職員1人
※サービス提供責任者は介護職員でも可。

協力医療機関※を定める♪

※事業の通常の実施地域内にあることが望ましい

デルモン仙人の 特選チェック

1　介護予防訪問入浴介護において、利用者の心身の状況に支障が生じない場合は、主治の医師の意見を確認したうえで、介護職員2人でサービスを提供することができる。

（答え）　1 ○

●主な基準等※

終末期でも気管切開でも♪

・（利用者の状態が安定していれば）医療処置・医療器具を利用している場合でも入浴可能

・感染症に罹患している患者も、主治医から入浴に際する注意事項、使用器具の消毒等の説明を受け、対応が可能

・利用者の身体に接触する浴槽や器具等は、サービスの提供（利用者一人）ごとに消毒

※他に、利用者の病状急変時には、速やかに主治医または協力医療機関への連絡等必要な措置を講じるなど

実施地域以外でサービス提供した場合の交通費や、お湯に温泉などを使用した際は、利用者の同意を得れば、実費が受け取れるぞ!!

┃介護報酬（減算）

要件	介護報酬（減算）
介護職員３人で行った場合※	100分の95
心身の状況により全身入浴が困難で、清拭または部分浴を実施	100分の90
事業所の同一建物等に居住する利用者にサービス提供	100分の90または100分の85

※介護予防訪問入浴介護は、介護職員２人で行った場合

利用者の希望によって変更！

訪問入浴介護は、減算される場合を要チェックね！

デルモン仙人の 特選チェック

1 利用者が胃ろうによる経管栄養を受けている場合には、訪問入浴介護は利用することができない。

2 訪問入浴介護の提供責任者は、看護職員でなければならない。

(答え) 1 ×：利用可能。　2 ×：サービス提供は、原則として看護職員１人、介護職員２人の計３人で実施するが、そのうち１人がサービス提供の責任者を務める。

11 通所介護

定員18人以下の小規模の通所介護と療養通所介護は2016（平成28）年4月から地域密着型サービスに移行♪

通所介護の概要

基本方針	通所した利用者に、必要な日常生活上の世話および機能訓練を行い、①利用者の社会的孤立感の解消、②心身機能の維持、③利用者家族の身体的・精神的負担軽減を図る
従事者	管理者※、生活相談員、看護職員、介護職員※、機能訓練指導員

※資格要件は定められていない

管理者は特段の専門資格は不要

利用定員数にかかわらず配置！

集団プログラムに参加している利用者にも、個別の通所介護計画を作成！

●主な基準等

・通所介護計画は、利用者ごとに、管理者が作成する

・災害等のやむを得ない事情を除き、利用定員を超えてサービスを提供してはならない

・利用者に病状の急変が生じた場合は、速やかに主治医への連絡等の措置を講じなければならない

・おむつ代は、利用料以外の料金として支払いを受けることができる。なお、送迎に要する費用は利用料（介護報酬〔通所介護費〕）に含まれる

・夜間および深夜に指定通所介護以外のサービスを提供する場合、開始前に都道府県知事に届け出をしなければならない

職員、利用者、サービスを提供する空間を明確に区別すれば、認知症対応型通所介護と同じ事業所で、同一の時間帯でのサービス提供が可能じゃ!!

介護報酬 (主な加算・減算)

> 利用日ごとに異なる提供時間数のサービスを利用可能!

要件		内容等
サービス提供時間[※1]が9時間以上	➡	加算 (5時間を限度)
事業所と同一建物等に居住する利用者にサービス提供	➡	減算
入浴介助加算 ➡	入浴介助を適切に行うことができる人員・設備を有する事業所が入浴介助を行った場合	
個別機能訓練加算 ➡	理学療法士等を配置[※2]。利用者の居宅を訪問したうえで、個別機能訓練計画を作成して実施	
栄養改善加算 ➡	管理栄養士を配置し、介護職員等と共同で作成した栄養ケア計画に基づき支援。定期的に記録と評価 (月2回を限度に算定可能)	
認知症加算[※3] ➡	認知症高齢者の日常生活自立度Ⅲ以上の利用者に対して算定。認知症介護指導者養成研修等を修了した職員を配置	

※1:送迎時に実施した居宅内での必要な介助を含めることが可能 (1日30分以内を限度)
※2:外部の理学療法士等と事業所の機能訓練指導員等が共同してアセスメントや個別機能訓練計画の作成等を行った場合は、生活機能向上連携加算が算定できる
※3:若年性認知症の利用者について算定した場合、若年性認知症利用者受入加算は算定できない

> 介護報酬 (通所介護費) は、3つの事業所規模と要介護度ごとに、1時間単位で設定♪

 デルモン仙人の **特選チェック**

1 通所介護は、社会的孤立感の解消、心身の機能の維持、家族の負担の軽減を目的としており、入浴や食事等のサービスの提供のみを目的とするものではない。

2 管理者は、社会福祉主事任用資格を有するものでなければならない。

(答え) **1** ○ **2** ×:特段の専門資格は不要。

12 短期入所生活介護および
介護予防短期入所生活介護

短期入所生活介護等の概要

> 日常生活に必要な援助を妥当適切に実施！

基本方針	特別養護老人ホーム等に短期間入所した利用者に、介護その他日常生活上の世話および機能訓練を行い、利用者の心身機能の維持、利用者家族の身体的・精神的負担軽減※を図る
従事者	管理者、医師、生活相談員、看護・介護職員（利用者3人に1人以上）、栄養士、機能訓練指導員　等

※家族の疾病、冠婚葬祭、出張、休養、旅行、趣味などの理由で利用可能。短期入所療養介護と共通

> 生活相談員は利用者1〜100人に1人！

● 短期入所生活介護の類型

類型	概要	定員
単独型	老人短期入所施設等、単独で短期入所を実施する施設	20人以上
併設型	特別養護老人ホーム等と一体的に運営が行われる	20人未満でも可
空床利用型	特別養護老人ホームで「入所者に利用されていない居室またはベッド」を利用して短期入所生活介護を行う	

> 災害、虐待等やむを得ない事情がある場合は、利用定員を超えて受け入れ可能（短期入所療養介護や通所介護、介護保険施設などと共通）！※

※減算はない

🐦声 に出して覚えよう

短期入所生活介護の類型の覚え方は、
単独は**20人以上**！　併設・空床利用は**20人未満OK**‼

●主な基準等

・重要事項説明は、サービス内容に加え、利用期間等についても同意を得る	事業所に介護支援専門員有資格者がいる場合は、計画の取りまとめを行わせることが望ましい！
・（介護予防）短期入所生活介護計画はおおむね4日以上の連続した利用時に作成	
・在宅生活の継続への支援という観点から、利用者自らの生活スタイルを尊重	
・利用者の負担により、事業所の職員以外の者による介護を受けさせてはならない	介護保険施設等と共通！
・身体的拘束を行う場合には、その態様および時間、その際の利用者の心身の状況ならびに緊急やむを得ない理由を記録	入所系サービス共通！

短期入所生活介護を利用している間は、訪問介護費や訪問入浴介護費、通所介護費などは算定できない！

介護報酬（主な加算・減算）※1

要件	内容等
個別機能訓練**加算** ➡	個別の機能訓練を実施した場合
医療連携強化**加算**※2 ➡	医療ニーズの高い利用者に対応
長期利用した場合の減算 ➡	自費での利用などをはさみ連続して30日を超える長期利用をした場合

※1：他に緊急短期入所受入加算、認知症行動・心理症状緊急対応加算などがある
※2：介護予防短期入所生活介護では算定できない（緊急短期入所受入加算も同様）

 デルモン仙人の **特選チェック**

1 短期入所生活介護計画は、おおむね7日以上継続して利用が予定される利用者について作成しなければならない。

答え 1 ×：おおむね4日以上。

福祉サービスの知識等

13 特定施設入居者生活介護および 介護予防特定施設入居者生活介護

特定施設入居者生活介護の類型

「一般型」と「外部サービス利用型（介護サービス
等を外部の指定居宅サービス事業者に委託するもの）」
があり、以下の施設で指定を取得できるのじゃ!!

施設名	概要
介護付有料老人ホーム※	・入浴、排泄、食事の介護、食事の提供などを行う施設で、老人福祉法で規定される老人福祉施設ではないもの
養護老人ホーム	・老人福祉法で規定される老人福祉施設 ・自宅で養護困難となった高齢者が入居
軽費老人ホーム（ケアハウス）	・自炊ができない程度の身体機能の低下がある高齢者等が入居。介護対応型

※有料老人ホームに該当するサービス付き高齢者向け住宅も含む

 入居者の権利を不当に狭めるような
契約解除条件を定めてはならんぞ!!

ケアマネジャー（計画作成担当者）が作成するケア
プランは「（介護予防）特定施設サービス計画」♪

ゴロ で覚えよう

特定施設の指定が受けられる施設の覚え方は、
よー く ユッケ が サービスされます！
（養護）　（有料）（軽費）　（サービス付き高齢者向け住宅）

介護報酬（主な加算）

要件	内容等
看取り介護加算※	入居者または家族の同意を得て、医師、看護師、介護職員等が共同して看取りの支援などを行った場合
認知症専門ケア加算	認知症介護に係る専門的な研修を修了している職員を配置し、職員に対して留意事項の伝達または技術指導に係る会議を定期的に開催している場合など

※介護予防特定施設入居者生活介護では算定できない

2018（平成30）年度から若年性認知症入居者受入加算、生活機能向上連携加算などが新設♪

介護保険施設※とは異なり、事業者は、特定施設入居者生活介護のサービス以外で入居者の選定により提供される介護等の費用の支払いを、入居者から受けることができるぞ!!

※入所者の負担により、当該施設従業者以外の者による介護（看護）を受けさせてはならない。認知症対応型共同生活介護も同様

特定施設のケアマネジャー（計画作成担当者）は、介護保険施設とは違って、１人目から常勤じゃなくていいのね！

デルモン仙人の 特選チェック

1 特定施設は、介護付有料老人ホーム、養護老人ホーム及び軽費老人ホームである。

2 特定施設入居者生活介護は、介護保険制度においては施設サービスとして位置づけられている。

3 特定施設入居者生活介護において、入居者の権利を不当に狭めるような契約解除条件を定めてはならない。

（答え） 1 ○ 2 ×：居宅サービスに位置づけられている。 3 ○

福祉サービスの知識等

福祉用具等の概要

	介助用電動車いすなども対象！

貸与種目（福祉用具貸与） 全国平均貸与価格を公表。貸与価格の上限を設定！	車いすおよびその付属品[1]
	特殊寝台（介護用ベッド）およびその付属品[1]
	床ずれ（褥瘡）防止用具[1]
	体位変換器[1]
	手すり
	スロープ
	歩行器
	歩行補助つえ
	認知症老人徘徊感知機器（外部との通信機能を除く）[1]
	移動用リフト（つり具の部分除く）[1]
	自動排泄処理装置[2]
購入種目（特定福祉用具販売）	腰掛便座（ポータブルトイレなど）
	入浴補助用具
	簡易浴槽
	移動用リフトのつり具の部分
	自動排泄処理装置の交換可能部品
	排泄予測支援機器

特殊寝台からの起き上がりや移乗の際に用いる介助用ベルトやスライディングボードなども！

持ち運びができるもの！

浴槽用の手すりはこちらに含まれる！

2022（令和4）年4月から適用！

※1：原則、要支援1・2、要介護1の利用者は保険給付されない
※2：原則、要支援1・2、要介護1～3の利用者は保険給付されない

消耗品（専用のパッドや洗浄液など）は対象外！

購入対象はレンタル（貸与）に向かない用具ね！

●福祉用具専門相談員と福祉用具サービス計画※1

福祉用具専門相談員	看護系	看護師、准看護師、保健師
	リハビリ系	理学療法士、作業療法士、義肢装具士
	福祉系	社会福祉士
	介護系	介護福祉士、介護員（講習※2の受講要）
福祉用具サービス計画		福祉用具専門相談員は、福祉用具貸与・販売の利用目標、具体的な福祉用具の機種や選定理由などを記載した福祉用具サービス計画（個別援助計画）をケアプランに沿って作成

資格所有者は、講習の受講は不要じゃ!!

※1：（介護予防）福祉用具貸与計画と特定（介護予防）福祉用具販売計画の総称
※2：福祉用具専門相談員指定講習会

事業所に2人以上配置！

●（介護予防）福祉用具貸与事業者に関する基準

品名、利用料、全国平均貸与価格などを記載した目録を事業所内に配置

貸与する用具の適切な保管と消毒。それらの外部委託は可能

 福祉用具の目的は、利用者の自立の促進、介護者の負担軽減ね！

特定福祉用具販売は償還払い♪

 福祉用具は、住宅改修と違って、工事を伴わないことが特徴。工事を伴うものは対象とならないのじゃ!!

 デルモン仙人の 特選チェック

1 福祉用具貸与事業の目的の一つに、利用者を介護する者の負担の軽減がある。

2 設置工事を伴うスロープは、福祉用具貸与の対象となる。

3 福祉用具貸与については、種目によっては、要介護状態区分に応じた制限がある。

(答え) 1 ○　2 ×：工事を伴うものは、対象とならない。　3 ○

15 住宅改修および 介護予防住宅改修

住宅改修等の概要

●住宅改修の種類

種類	ポイント
手すりの取り付け	玄関から道路までの通路も対象に含む
段差の解消	
床・通路面の材料変更	
引き戸等への扉の取替え	新設の場合でも、改修に比べて安価な場合は対象となる
洋式便器等への便器の取替え	———
上記の付帯工事	・手すりの取り付けのための壁の下地補強
	・浴室床の段差解消や便器取替えに伴う給排水設備工事
	・床材変更のための下地補強や根太の補強　等

取付工事を要するスロープの設置なども対象！

昇降機、リフト、段差解消機などの動力を使う機器、洋式便器の水洗化工事や自動ドアの動力部分の設置などは対象にならないんじゃ!!

住宅改修も償還払い♪

🎬ストーリー で覚えよう

手すりを取り付け段差をなくし、
床材、扉、便器を取替え、
そこに少し付け足せば、
自宅の生活が安全に！

●住宅改修費支給の例外

介護の必要度を 測る目安	要介護状態 区分等
第6段階	要介護5
第5段階	要介護4
第4段階	要介護3
第3段階	要介護2
第2段階	要支援2または 要介護1
第1段階	要支援1

住宅改修の支給限度基準額は、要介護状態区分等にかかわらず、20万円までとなっておる。
左で紹介しているのは、その例外となるものじゃ!!

転居した場合も、再度、20万円まで支給申請が可能！

要介護状態区分等が3段階以上あがった場合、再度、20万円まで支給申請ができるのね！

デルモン仙人の 特選チェック

1 取り付けに際し工事の必要のない、便器を囲んで据え置いて使用する手すりは、住宅改修費の支給対象にはならない。

2 段差を解消するための住宅改修費の支給対象として、昇降機やリフトの設置がある。

3 転居前に住宅改修費の支給を受けた場合でも、転居後の住宅について住宅改修費を受給できる。

4 要介護状態区分等が、要支援1から要介護3に上がった場合、それまでに支給を受けた住宅改修費の額にかかわらず、再度、支給限度基準額の20万円まで住宅改修費を受給できる。

（答え）**1** ○ **2** ×：昇降機やリフトは対象にならない。
3 ○ **4** ○

16 地域密着型サービスおよび 地域密着型介護予防サービス

夜間対応型訪問介護

●主な基準等

・要介護1以上で利用可能（予防給付にはない）

・オペレーションセンターは事業実施地域内に1か所以上設置。事業所は、利用者の心身の状況等の情報を蓄積し、オペレーター[1]が常時閲覧

・訪問介護員等[1]によるサービス提供時間帯は22時から翌朝6時までの間を含む

・利用者にはケアコール端末[2]を配布

・利用者から合鍵を預かる場合、管理を厳重に行い、紛失時の対処方法等を記した文書を利用者に交付

[1]：オペレーターの要件や訪問介護員等の人員基準は、定期巡回・随時対応型訪問介護看護（161ページ）と同じ

[2]：利用者宅に据え置くナースコールのような通報装置。設置やリース、保守にかかる利用者負担はない。利用者が携帯電話等により適切に通報できる場合は不要

> 通報に十分対応できる場合には設置しないことも可能！

●介護報酬（主な加算）

要件	内容等
24時間通報対応加算	日中の人員の確保や緊急時の連絡体制を確保しており、日中においてもオペレーションセンターサービスを行う場合

デルモン仙人の 特選チェック

1 対象者は、一人暮らしの高齢者または中重度の者に限られる。

2 オペレーターは、定期巡回サービスを行う訪問介護員等に同行し、地域を巡回しながら通報に対応することができる。

答え 1 ×：限定されるものではない。 2 ○

地域密着型通所介護および療養通所介護

地域密着型通所介護の主な基準は、基本的に通所介護と共通じゃ!!

●療養通所介護の基本方針

・難病等の重度要介護者またはがん末期の者で、常に看護師による観察が必要な者が対象

・療養通所介護計画に基づき、入浴、排泄、食事等の介護、その他の日常生活上の世話および機能訓練を行う

●療養通所介護のサービスの特徴および主な基準等

・サービス提供の適否は、主治医を含めたサービス担当者会議で検討

・管理者は看護師

・主治医と訪問看護との連携に努める

・利用者の急変に備え、主治医と対応策を策定

・安全・サービス提供管理委員会を設置

・非常災害に際して必要な設備を備え、非常災害対策として、具体的な計画を定期的に従業者に周知し、定期的な避難訓練を行わなければならない

> (認知症対応型)通所介護や認知症対応型共同生活介護、介護保険施設などと共通!

利用定員は18人以下♪

※地域密着型通所介護と同じ

予防給付にはないサービスね!

 デルモン仙人の **特選チェック**

1 利用者に対する指定療養通所介護の提供の適否は、主治医を含めたサービス担当者会議において検討することが重要である。

答え **1** ○

認知症対応型通所介護および介護予防認知症対応型通所介護

● サービスの類型

> 利用定員は12人以下！

① 単独型	特別養護老人ホーム等に併設されていない事業所が行う
② 併設型	特別養護老人ホーム等に併設して行う
③ 共用型	認知症対応型共同生活介護事業所の居間や食堂等で利用者（入居者）とともに行う

> 1ユニットの1日あたりの利用定員は3人以下！

● 主な基準等

・利用者、家族へのサービス提供方法等の説明には、認知症対応型通所介護計画の目標および内容や、利用日の行事および日課も含まれる

> 主な基準は基本的に通所介護と共通♪

● 介護報酬（主な加算）

要件	内容等
若年性認知症利用者受入加算 →	利用者ごとに個別の担当者を定めている場合

若年性認知症の者も対象とする事業所の設置市町村は、他市町村から指定の同意の申し出があった場合には、原則として、同意を行うことが求められているんじゃ!!

  デルモン仙人の 特選チェック

1 認知症対応型通所介護は、認知症対応型共同生活介護事業所の居間や食堂を利用して行うことができる。

2 認知症対応型通所介護事業者には、定期的な避難訓練が義務づけられている。

（答え） **1** ○ **2** ○

小規模多機能型居宅介護および介護予防小規模多機能型居宅介護

●主な基準等

> このサービスは施設ではない！

・利用（登録）定員は29人以下（複数事業所への利用登録不可）

・訪問看護、訪問リハビリテーション、居宅療養管理指導、福祉用具貸与を除き、他の居宅サービスは算定できない

・通いサービスの利用者が、登録定員に比べて著しく少ない状態を続けてはならない

・運営にあたり、地域住民やその自発的な活動等との連携・協力を行う等の地域との交流を図る

・運営推進会議はおおむね2か月に1回以上開催。活動状況を報告し、評価や助言を受ける。作成した記録は公表する

利用者、家族、地域住民の代表者、市町村職員等で構成！

●介護報酬（主な加算）※1

要件	内容等
看取り連携体制加算※2 →	看護職員配置加算を算定したうえで、看護師により24時間連絡体制を確保し、看取り期の対応方針を定め、サービスを提供した場合
訪問体制強化加算※2 →	居宅での生活を継続するためのサービス提供体制を強化した場合

※1：通い・訪問・宿泊サービスの登録者1人当たり平均回数が週4回未満の場合は減算
※2：介護予防小規模多機能型居宅介護では算定できない

> 宿泊のために必要な費用は、利用者から徴収可能♪

デルモン仙人の **特選チェック**

1 利用者は、1か所の小規模多機能型居宅介護事業所に限って、利用者登録をすることができる。

（答え）**1** ○

認知症対応型共同生活介護および介護予防認知症対応型共同生活介護

● 主な基準等

- ・1ユニットの利用（入居）定員は5人以上9人以下
- ・要支援2以上で利用可（要支援1は対象外）※
- ・ユニットごとの介護従事者は日中は利用者3人に1人以上 夜間・深夜は1人以上（3ユニットの事業所の場合、一定の要件のもと、例外的に夜勤2人以上の配置に緩和が可能）
- ・非常災害対策等の事業運営の重要事項に関する規程を定める
- ・食材料費、理美容代、おむつ代等を利用者から受け取り可

※入居の際、主治医の診断書等により申込者が認知症であることを確認する

> 居室は1人部屋。利用者の処遇上必要と認められる場合は2人部屋可！

> ケアマネジャー(計画作成担当者)と管理者は厚生労働大臣が定める研修修了者♪

● 介護報酬（主な加算）

要件		内容等
初期加算	➡	入居した日から30日以内の期間について算定（短期利用を除く）
医療連携体制加算※	➡	医療機関等との連携により、看護師を配置し、日常的な健康管理や医療ニーズが必要になった場合に連携がとれる体制を整備している場合

※介護予防認知症対応型共同生活介護では算定できない

 デルモン仙人の 特選チェック

1 2つの共同生活住居（ユニット）がある認知症対応型共同生活介護事業所の場合は、共同生活住居ごとにそれぞれ夜勤職員を配置しなければならない。

（答え） **1** ○

地域密着型特定施設入居者生活介護

◉主な基準等

> ・利用（入居）定員は29人以下
>
> ・要介護1以上で利用可（予防給付にはない）

◉介護報酬
特定施設入居者生活介護に準じる

地域密着型介護老人福祉施設入所者生活介護

◉主な基準等

> ・利用（入所）定員は29人以下
>
> ・新規入所は原則、要介護3以上で利用可（予防給付にはない）
>
> ・入所者の負担により、当該施設の従業者以外の者による介護を受けさせてはならない
>
> ・同一法人による本体施設と密接に連携したサテライト型居住施設としても運営可能※

※他には、単独型、（通所介護等との）併設型がある

主な基準は基本的に介護老人福祉施設と共通♪

◉介護報酬
介護老人福祉施設に準じる

 デルモン仙人の **特選チェック**

1 地域密着型特定施設入居者生活介護の入居定員は、20人以下でなければならない。

2 利用者の負担により、指定地域密着型介護老人福祉施設の従業者以外の者による介護を受けさせることができる。

（答え） **1** ×：29人以下。

2 ×：受けさせてはならない。

17 介護老人福祉施設

新規入所は原則、
要介護3※1以上♪

▌主な基準等

- 施設サービスを受ける必要性が高いと認められる申込者を優先的に入所させるよう努めなければならない

- 入退所年月日、施設の種類等を利用者の被保険者証に記載

- ケアプランを担当する(計画担当)介護支援専門員は入所者100人に1人を標準とする(1人以上を常勤。兼務可能)※2

- できる限り離床して食堂で食事を摂るように支援

- 1週間に2回以上、適切な方法により、入所者を入浴させ、または(健康状態等によっては)清拭しなければならない

- 入所者が医療機関入院後、3か月以内に退院できる見込みの場合、退院後、再び円滑に入所できるよう対応

- 入所者が居宅(在宅)で日常生活を営むことができるかを、生活相談員、介護職員、看護職員、介護支援専門員等の従業者間で協議、定期的に検討しなければならない

- ケアプラン(施設サービス計画)の作成にあたっては、地域住民による自発的な活動による(インフォーマルな)サービス等も位置づけるよう努め、明るく家庭的な雰囲気を有し、地域や家庭との結びつきを重視した運営を行う

※1:要介護1・2の者でも、認知症や虐待などやむを得ない事情により特例的に入所可能
※2:人員は他に、介護・看護職員を入所者3人に1人以上(看護職員は常勤の者を1人以上。常時1人以上の常勤の介護職員が介護に従事)、生活相談員を常勤1人以上、栄養士または管理栄養士1人以上、機能訓練指導員1人以上(兼務可能)など

施設の行事や日課も記載！

優先入所と入退院時の円滑入所以外は施設サービスに共通する基準じゃのう。老健と共通する基準には、あらかじめ協力病院を定める義務と協力歯科医療機関を定める努力義務があるぞ!!

┃介護報酬（主な加算）

要件	内容等
看取り介護加算 ➡	入所者または家族の同意を得て、医師、看護師、介護職員等が共同して看取りの支援を行った場合
日常生活継続支援加算 ➡	要介護4・5の者や認知症高齢者の日常生活自立度Ⅲ以上の者、または医療的ケアを必要とする者が一定割合以上入所しており、介護福祉士を一定数以上配置している場合
経口移行加算 ➡	各入所者の状態に応じた栄養管理を計画的に行ったうえで、経管栄養の入所者に対し、医師の指示に基づき多職種が共同して、経口移行計画を作成し、経口摂取への移行を支援した場合
口腔衛生管理加算 ➡	歯科医師の指示を受けた歯科衛生士が、入所者に対して口腔ケアを月2回以上行った場合など

 デルモン仙人の 特選チェック

1 介護老人福祉施設で施設サービス計画の作成を担当する介護支援専門員は、入所者50人ごとに1人を置かなければならない。

2 管理者は、常勤の者でなければならないが、管理上支障がない場合には、同一敷地内にある他の事業所、施設等の職務に従事することができる。

3 可能な限り、居宅での生活への復帰を念頭に置いて、入所者がその有する能力に応じ自立した日常生活を営むことができるようにすることを目指さなければならない。

4 あらかじめ協力歯科医療機関を定めておかなければならない。

答え **1** ✕：100人に1人を標準とする。 **2** ○ **3** ○
4 ✕：定めておくよう努めなければならない（努力義務）。

デルモン仙人の 特別レクチャー

ソーシャルワークの実践例！

最近の試験では、実務的・事例的な内容が出題される傾向がある！ 過去に出題されたソーシャルワークの実践例をまとめてみたぞ!!

個別援助（ミクロ・ソーシャルワーク）

・地域包括支援センターの社会福祉士による高齢者を虐待する家族への**面接**

・地域包括支援センターの主任介護支援専門員による家族介護者との**相談面接**

・地域で生活に困っている外国人に対して、自治体職員が個別に訪問して行う**相談支援**

集団援助（メゾ・ソーシャルワーク）

・特別養護老人ホームの生活相談員による入所者に対する**グループ活動**

・通所介護で計画的に実施する誕生会でのゲーム等の**プログラム活動**

・一人暮らし高齢者を集めて社会福祉協議会が実施する介護予防のための**レクリエーション活動**

・認知症高齢者を介護する家族の集まりにおいて行う介護方法等に関する**グループ活動や交流活動**

地域援助（マクロ・ソーシャルワーク）

・社会福祉協議会による一人暮らし高齢者への声かけ活動のための住民の**組織化**

・コンビニエンスストアや商店街、地域の企業、民生委員などの社会資源が行う認知症高齢者の**見守り活動**

・震災被災者に対するボランティアを募集、組織化し、サービス提供の**仕組みを構築**

・小学校において、地域で生活している高齢者の方々から講話をしてもらうなどの**世代間交流の機会の設定**

・地域の聴覚言語障害者に対して適切に情報提供が行われるよう、要約筆記者、手話通訳者の配置などにかかる**自治体への働きかけ**

2024年 介護保険制度 改正について

全世代対応型の持続可能な社会保障制度を構築するため、健康保険法や後期高齢者医療制度の改正とともに行われました。(一部を除き、2024年（令和6年）4月1日施行)

1　介護情報基盤の整備	・被保険者、介護事業者その他の関係者が当該被保険者にかかる介護情報等を共有・活用することを促進する事業を市町村の地域支援事業として位置づけ市町村は、当該事業について、医療保険者等と共同して国民健康保険団体連合会・社会保険診療報酬支払基金に委託できることとする（※）
2　介護サービス事業者の財務状況等の見える化	・各事業所・施設に対して詳細な財務状況（損益計算書等の情報）の報告を義務づけ（※職種別の給与は任意事項） ・国が当該情報を収集・整理し、分析した情報を公表
3　介護サービス事業所等における生産性の向上に資する取り組みにかかる努力義務	・都道府県に対し、介護サービス事業所・施設の生産性の向上に資する取り組みが促進されるよう努める旨の規定を新設、など
4　看護小規模多機能型居宅介護（看多機）のサービス内容の明確化	・看多機のサービス内容について、サービス拠点での「通い」「泊まり」における看護サービス（療養上の世話又は必要な診療の補助）が含まれる旨を明確化　など
5　地域包括支援センターの体制整備等	・要支援者に行う介護予防支援について、居宅介護支援事業所も市町村からの委託を受けて実施可能とする　など

※2023年（令和5年）5月19日から4年以内の政令で定める日から施行

索引